云南省社会科学界联合会 组编

《云南史话》编委会

主　　编　张瑞才
副 主 编　余炳武　戴世平
委　　员　吴绍斌　李　波　吴丽萍　龚志龙
　　　　　周　明　岳石林　陈克华　胡丽华
　　　　　何锡英　李保欣　赵卓磊　张培锋
　　　　　李维金　杨五青　和文平　游启道
　　　　　李文育　陈树华　刘　军　马维聪

《红河史话》编辑委员会

主　　任　李保欣
副 主 任　潘晓东　车秀梅　王剑武
成　　员（按姓名笔画排名）
　　　　　马岑晔　王　俊　师红保　刘德兴
　　　　　杨宝生　张文君　徐文荣　高俊昌
　　　　　戴春杰

红河史话

红河州社会科学界联合会　主编

云南出版集团
云南人民出版社

图书在版编目（CIP）数据

红河史话 / 云南省社会科学界联合会组编；红河州社会科学界联合会主编.——昆明：云南人民出版社，2017.11（2018.12 重印）

（云南史话.地方系列）

ISBN 978-7-222-16687-5

Ⅰ.①红… Ⅱ.①云…②红… Ⅲ.①红河哈尼族彝族自治州 – 地方史 Ⅳ.① K297.42

中国版本图书馆 CIP 数据核字（2017）第 286373 号

出 版 人：赵石定
统筹编辑：马维聪
责任编辑：李东华　陶汝昌
责任校对：段金华
责任印制：洪中丽
装帧设计：赵　丹

红河史话
honghe shihua

云南省社会科学界联合会　组编
红河州社会科学界联合会　主编

出　　版	云南出版集团　云南人民出版社
发　　行	云南人民出版社
社　　址	昆明市环城西路 609 号
邮　　编	650034
网　　址	http://ynpress.yunshow.com
E-mail	ynrms@sina.com
开　　本	787mm×1092mm　1/32
印　　张	8.25
字　　数	130 千
版　　次	2017 年 11 月第 1 版　2018 年 12 月 2 次印刷
印　　刷	云南商奥印务有限公司
书　　号	ISBN 978-7-222-16687-5
定　　价	25.00 元

如需购买图书、反馈意见，请与我社联系
总编室：0871-64109126　　发行部：0871-64108507
审校部：0871-64164626　　印制部：0871-64191534

版权所有　侵权必究　印装差错　负责调换

云南人民出版社公众微信号

总　序

七彩云南，气象万千。

这里东连黔桂，西邻缅甸，北靠川渝，南望越南、老挝，是祖国大陆通往南亚东南亚、前出印度洋的枢纽和大通道。特殊的地理，悠久的历史，孕育了深厚的底蕴，创造了丰富多彩的灿烂文化，成为中华文化同南亚次大陆文化、东南亚文化交汇区域，是文化交汇、融合、多样性的现代范本。

这里山川纵横。横断山、哀牢山、无量山、云岭、乌蒙山等山系支撑起祖国西南辽阔的天空。这里碧水荡漾。滇池、洱海、抚仙湖、程海、泸沽湖、杞麓湖、异龙湖、星云湖、阳宗海等湖泊，像一颗颗璀璨的明珠，镶嵌在云南高原上。这里江河澎湃。金沙江、澜沧江、怒江、红河、南盘江、伊洛瓦底江等六大水流联通各民族共同的家园。这里是植物王国、动物王国、有色金属王国。这里气候温和、四季犹春,在中国是绝无仅有的宜居宝地。

这里历史悠久。元谋人从170万年前的远古走来。战国中晚期庄蹻入滇,第一次把楚文化与滇文化连接起来。秦开五尺道、汉习楼船,云南正式纳入祖国版图。唐宋时期,南诏、大理国文化唱响西南。元初正式建立行省。明清时期,云南经济社会得到长足发展。20世纪初,云南各族人民打响了护国战争第一枪,开始埋葬封建帝制。在抗日战争中,几十万云南各族儿女征战沙场,扬我国威!西南联合大学谱写了世界教育史上的奇迹。

在这片红土地上,传承着红色文化基因。走出了王复生、王德三等早期马克思主义播火者,走出了无产阶级军事家罗炳辉,《中华人民共和国国歌》的作曲者聂耳,马克思主义大众化的中国第一人、我们党思想理论战线忠诚的战士和学者艾思奇。20世纪30年代,毛泽东率领中国工

农红军长征过云南,播下了革命火种。40年代后期,中国共产党领导下的滇桂黔边纵队与中国人民解放军,在极端艰难困苦的条件下英勇作战,迎来了新中国的诞生!

这一切,催生了一系列独具特色的历史文化:有史前文化、古滇文化、哀牢文化、爨文化、南诏文化、移民文化、护国文化、抗战文化、西南联大文化、红色文化。

这里是民族文化的富聚区,民族文化多样性的活态博物馆。26个民族中16个独有民族,15个民族跨境而居。民族文化丰富多彩、博大精深、底蕴深厚、特色鲜明。如彝族的毕摩文化、藏传南传佛教文化、傣族的贝叶文化、纳西族的东巴文化、哈尼族的梯田文化,等等,还有各种各具特色的丧葬、婚姻、服饰、建筑、节日、歌舞、生态等文化形态。此外还有各民族长期以来相互交融、相互学习、共同发展而产生的综合性文化,如茶文化、医药文化、烟草文化、驿道文化、青铜文化、石刻文化等,异彩纷呈,不胜枚举。

云南各民族优秀文化是中华文化的重要组成部分,是中华文化的瑰宝,是中华民族文化大花园中的奇葩!在长期的历史发展中,在红土高原上,形成独具特色的历史文化、地域文化、民族文化,其突出特点是多样形态、多元一体、和谐共生。各种文化,相互交融。佛教文化、基督教文化和伊斯兰文化并存(即使在同一宗教内,不同派别也和睦相处,如同为佛教,藏传佛教、南传上座部佛教和汉传佛教,亲密无间)、儒释道文化并存、原生态文化与现代文化并存、多民族文化并存。

在经济全球化、文化经济化、经济文化一体化的今天,文化既是社会生活方式,更是一种社会生产力,是各民族共同的精神家园。

"观乎天文,以察时变;观乎人文,以化成天下"(《易经-贲卦》)。习近平总书记指出:"要始终坚持道路自信、理论自信、制度自信,最根本的还有一个文化自信。"党的十九大报告提出:"要坚定文化自信,推动社会主义文化繁荣兴盛。""没有高度的文化自信,没有文化的繁荣兴盛,就没有中华民族伟大复兴。要坚持中国特色社会主义文化发展道路,激发全民族文化创新创造能力,建设社会主义文化强国。"这是党中央赋予我们这一代哲学社会科学工作者的历史使命!承担起新时代这一历史使命,必须在新的实践基础上,用中国特色社会主义文化引领,推动文化的创新发展。必须深入挖掘传统文化资源,从中吸取历史智慧,引导云南各族人民树立正确的历史观、民族观、国家观、文化观,推动文化创造性转化。还必须为各族人民提供丰富的精神食粮,不断满足人民过上美好文化生活的新期待。

古人云:"虑不远不足以图大功,功不大不足以传永世"。云南省社科联为贯彻落实党的十九大精神,为传承、弘扬云南优秀传统文化,坚定各族干部群众文化自信,决定组织全省有关专家学者编辑出版"云南史话"系列丛书,分别为地方系列、民族系列、特色县市系列、民族文化艺术系列、重大历史事件系列五部分,每套丛书出版20种,共计100种。这是一项规模宏大的系统工程,计划用五年时间完成。通过本套丛书,我们将深入挖掘云南文化宝贵资源,认真梳理云南文化发展脉络,总结云南文化发展的特点及其规律,以期为增强文化自觉,坚定文化自信,牢记习近平总书记对云南人民的嘱托,闯出一条跨越式发展的路子,为努力成为民族团结示范区、生态文明建设排头兵、面向南亚东南亚辐射中心,谱写好中国梦的云南新篇章而奋斗!

是为序。

云南省社科联党组书记、主席　张瑞才

2017年10月

序

《红河史话》是《云南史话·地方系列》的一个组成部分。本书的目的是为了全面贯彻党的十八大和十八届三中、四中、五中全会精神,落实习近平总书记考察云南时的重要讲话精神,让更多的人了解红河历史发展的基本脉络,感受红河厚重的文化,认识红河丰富的自然资源,从而进一步了解红河这块神奇土地的沧桑巨变。

红河是一个美丽富饶而引人入胜的地方,它不仅有丰富的自然资源,还有丰富的人文资源和特殊的区位资源。土地、矿产、水能、生物、旅游等资源倍受商家青睐,名胜古迹、民族风情、自然风光吸引大众眼球。红河处在北回归线上,国际交通、通信便捷,是大西南通往越南和深入东盟各国的前沿和枢纽。早在3万—5万年前,红河沿岸就有了人类的活动，并把发现人类活动的头骨称为"阿邦人"。蒙自马鹿洞遗址的发现，特别是专家对"马鹿洞人"的正式命名，证明早在1.4万年前，这个地方就已经有了人类的活动。西汉元封二年（前109），汉武帝改滇国为益州郡，辖24个县，其中的贲古县即今天的蒙自一带，红河就已经纳入中央行政管理版图。

红河大地人杰地灵。有云南历史上唯一一个经济特科状元袁嘉谷，有官至内阁大学士、光绪皇帝的老师尹壮图，有世界著名的大数学家熊庆来，有用笔杆子治理新疆长达16年的新疆总督杨增新等名人。在历代科举考试中，红河的进士向来有"临半榜"之说，形容在科举考试期间，红河的考生中榜者极多。

红河州具有高海拔、低纬度的地理特征，自然资源极为丰富，其中有7500平方千米属北亚热带，适宜各种作物生长，堪称"天然动植物王国"，被誉为"滇南生物基因库"。以生物资源开发为主的产业成为红河州最具活力的产业之一。红河是云南的老工业基地，有色金属资源极其丰富，开采历史悠久。目前，红河州已探明矿产资源潜在价值达 2.5 万亿元，占全省的 28%。

红河州的文化丰富多彩。世界文化遗产哈尼梯田，代表着以哈尼民族为主的红河南岸各少数民族共同创造的灿烂的民族文化和人类农耕文明；建水孔庙完整地保留了中国的传统文化，展现出中原文化与边地文化完美结合的魅力；与苏伊士运河齐名、被英国泰晤士报称为 20 个世纪初世界三大人工工程之一的滇越铁路，至今仍然完好如初，沿途有浓郁的法国风情和法国文化遗存；另外还有中国四大名陶之一的建水紫陶，有百年开埠通商、百年云锡矿业、百年滇越铁路积淀下来的近代工商业文明，有世界最长的宴席——哈尼族长街宴，彝族"火把节""祭火"，苗族花山节等多个民族节日，生活着风格各异的 11 个世居少数民族。民族文化、儒家文化、近代工商文化、饮食文化、异国风情、农业文化在红河交相辉映。

今天,在深入研究红河州基本情况后,中共红河州委、州人民政府提出"融入滇中、联动南北、开放发展"的发展战略。红河将充分发挥位于中国—东盟两大市场的结合部和昆明——河内两大城市辐射交汇点的区位优势,抓住发展新机遇,实现新的跨越发展。红河将重点抓住交通建设,实现人流、物流、资金流的大流通,以大交通促进大开放,以大开放促进大发展,实现"全力融入滇中城市经济圈,努力成为全省面向东盟开放的重要交通枢纽、全省经济跨越式发展的战略支撑、在全国30个少数民族自治州中当好排头兵,确保与全国全省同步全面建成小康社会"的战略目标。

《红河史话》坚持实事求是的精神,力图实现思想性、科学性、资料性的统一,展示红河悠久的历史和厚重的文化,为世人了解红河、认识红河、热爱红河提供有价值的历史资料和现实依据。

《红河史话》的编撰,得到了红河州委宣传部、州社科联、州志办、州文化局、红河卫生职业学院思政部的大力支持,在此一并致谢。需要指出的是,由于建水县系国家级历史文化名城,单独编撰出版史话,但出于整体的考虑,《红河史话》一并编录,但内容从简。另外,所参考的志书、典籍、网站,在书后统一列出参考书目,书中不再一一列出,特此说明。由于时间紧、任务重,加上编者水平有限,不足之处在所难免,敬请有关专家、读者提出宝贵意见。

目 录

一、美丽富饶的红河 / 1

行政区域 / 2

民族与人口 / 3

地理环境 / 3

地理资源 / 4

自然资源 / 5

土地资源 / 5

地热资源 / 6

生物资源 / 6

矿产资源 / 7

能源资源 / 8

二、历史悠久的红河 / 10

（一）蒙自市 / 17

（二）个旧市 / 21

（三）开远市 / 24

（四）弥勒市 / 27

（五）建水县 / 31

（六）石屏县 / 36

（七）泸西县 / 38

（八）元阳县 / 42

（九）红河县 / 48

（十）绿春县 / 52

（十一）河口瑶族自治县 / 54

（十二）金平苗族瑶族傣族自治县 / 58

（十三）屏边苗族自治县 / 61

三、影响深远的红河 / 62

（一）公元前 111 年，汉武帝元鼎六年，设牂牁郡 / 62

（二）设立临安府 / 62

（三）设立云南省第一个海关——蒙自海关 / 64

（四）红河航运 / 67

（五）红河马帮 / 72

（六）中国第一个民营铁路——个碧石铁路通车 / 75

（七）修筑滇越铁路 / 78

（八）杨自元火烧"洋关" / 79

（九）个旧锡务股份有限公司成立 / 80

（十）河口起义 / 86
（十一）红河州修建飞机场 / 87
（十二）中共云南省第一次代表大会
　　　　召开 / 91
（十三）西南联合大学蒙自分校成立 / 92
（十四）滇南战役 / 93
（十五）开远腊鸿发现古猿化石 / 96
（十六）红河哈尼族彝族自治州人民
　　　　政府成立 / 97
（十七）红河州第一所综合性本科大学
　　　　——红河学院成立 / 98
（十八）建水、通海大地震 / 100
（十九）建设红河卷烟厂 / 101
（二十）金水河河口口岸恢复通车 / 104
（二十一）哈尼梯田申遗成功 / 106
（二十二）著名历史人物 / 108

四、文化丰厚的红河 / 139
（一）多姿多彩的民族文化 / 139
（二）世界物质文化遗产 / 147
（三）非物质文化遗产 / 158
（四）自然人文景观 / 179

五、跨越发展的红河 / 204

（一）全力融入滇中城市经济圈，拓展区域发展空间 / 206

（二）夯实跨越发展基础，打好"五网"建设大会战 / 207

（三）大力发展高原特色现代农业，构建现代农业产业体系 / 209

（四）突出"两型三化"，构建工业发展新体系 / 211

（五）大力发展第三产业，促进现代服务业稳步提升 / 212

（六）坚持统筹发展，构筑协调发展新格局 / 213

（七）深化重点领域改革，释放体制机制新活力 / 215

（八）坚持开放发展，充分挖掘对外开放潜力 / 216

（九）坚持绿色发展理念，加强生态文明建设 / 217

（十）奋力推进脱贫攻坚，如期实现全面脱贫 / 219

（十一）持续增进民生福祉，确保社会和谐稳定 / 220

参考书目 / 242

一、美丽富饶的红河

红河哈尼族彝族自治州（以下简称红河州）位于中国云南省东南部，北连昆明，东接文山，西邻玉溪，南与越南社会主义共和国接壤，北回归线横贯东西。红河是云南省第四大经济体，经济总量和部分社会经济指标居全国30个少数民族自治州前列。

红河州土地面积3.293万平方千米，下辖4市9县，总人口454.58万人（2015年），是一个

红河第一湾

多民族聚居的边疆少数民族自治州,有11个世居民族,有274.58万少数民族人口。红河州有滇南政治、经济、军事、文化中心蒙自,有世界锡都个旧,有国家历史文化名城建水,文献名邦石屏,有河口和金水河两个国家级口岸,有闻名遐迩的锡文化、紫陶文化和梯田文化。红河是云南经济社会和自然人文的缩影,是云南近代工业的发祥地,也是中国走向东盟的陆路通道和面向南亚、东南亚的前沿和枢纽。

行政区域

1957年11月,蒙自专区和红河哈尼族自治区合并建立红河哈尼族彝族自治州,1958年将省辖的个旧市划归自治州领导,自治州州府由蒙自迁至个旧。2003年1月29日,国务院批复红河州人民政府驻地由个旧迁移蒙自。2003年11月18日,红河州举行了迁移庆典大会,标志着蒙自正式成为红河哈尼族彝族自治州的新州府。2010年9月10日,经国务院批准,民政部批复:撤销蒙自县,设立蒙自市。2013年3月,经国务院批准,民政部批复:撤销弥勒县,设立弥勒市。至2013年,红河哈尼族彝族自治州共下辖4个市,分别

一、美丽富饶的红河

是蒙自市、个旧市、开远市、弥勒市,6个县分别是建水县、石屏县、绿春县、泸西县、元阳县、红河县,3个少数民族自治县分别是金平苗族瑶族傣族自治县、河口瑶族自治县、屏边苗族自治县。共计135个乡(镇),1285个村委会(社区)。

民族与人口

2015年红河州户籍人口142.07万户,总人口数为454.58万人,城镇人口143.82万人,占总人口的31.64%。红河州是一个多民族聚居的边疆少数民族自治州,有11个世居民族,有274.58万少数民族人口,少数民族占红河州总人口的60.40%,民族聚居区占红河州土地面积的98%。

地理环境

红河哈尼族彝族自治州位于云南省东南部,北靠昆明,南接越南,与越南有848千米的边境线,有河口、金水河两个国家一级口岸,是昆明到越南河内经济走廊的重要部位和关键节点。地处东经101°47′~104°16′,北纬22°26′~24°45′,辖区面积32931平方千米,东西最大横距254.2千米,南北最大纵距221千米,最高海拔为金平县西隆山3074米,最低海拔为河口县红河与南溪河交汇处76.4米（云南省海拔最低点），山区面积占85%。辖4市9县（蒙自市、个旧市、开远市、弥勒市、建水县、石屏县、泸西县、元阳县、红河县、绿春县、金平苗族瑶族傣族自治县、屏边苗族自治县、河口瑶族自治县），135个乡（镇），1285个村委会（社区）。北回归线从州府蒙自市穿过，蒙自市海拔1200米，年均气温18.6℃，降雨815.8毫米，全年无霜期337天，年均日照2234小时。

地理资源

红河州处于滇中、滇东南、三江三大成矿带交汇地，矿产资源丰富。以锡为主的有色金属在全省、全国乃至世界上均占有重要的地位（以煤炭、优质锰、金银为主的能源、黑色金属以及贵金属等矿业在全省具有较大的优势）。个旧市是世界闻名的锡都，开远市是云南省重要的能源基地。全州资源分布广泛但又相对集中，州境北部的弥勒、泸西、开远是以煤、大理石为主的能源、建材、矿产集中区。中部的个旧、蒙自、石屏、建水是以锡、铜、铅、锌、锰等为主的有色金属、黑色金属和贵金属矿产集中区。南部的金平、元阳、红河是以金、铜、镍、石膏、大理石等为主的贵金属、有色金属、建材非金属等矿产集中区。目前,红河州已探明矿产资源潜在价值达2.5万亿元,占全省的28%。

自然资源

红河州有高海拔、低纬度的地理特征,自然资源极为丰富,其中有7500平方千米属北亚热带,适宜各种作物生长,堪称"天然动植物王国",被誉为"滇南生物基因库",红河州的生物资源非常丰富,以生物资源开发为主的产业成为红河州最具活力的经济之一。

土地资源

红河州有耕地面积25.96万公顷,其中水田9.9万公顷,旱地16.06万公顷。全州总计有6个土纲、13个土类、22个亚类、46个土属、88个土种,适宜多种植物生长。按土壤类型及适宜区划分,主产粮、油、烟农作物一年两熟的红壤占全州土地总面积的41%;适宜于种植双季稻、杂交稻等亚热带作物的赤红壤占14%;适宜于发展橡胶、香蕉等热带经济林木、热带水果的砖红壤占7%;还有适宜发展香蕉、荔枝、茶叶、荞子、药材等多种作物的燥红壤、黄棕壤、棕壤等多个类别。全州耕地面积达上万公顷的坝子有32个,其中著名的有蒙自坝、建水坝、开远坝、竹朋坝。州内北热带、南亚热带面积达7500平方千米,约占云南省热区面积的1/10,其中北热带面积1100多平方千米,占全省北热带面积的1/4,极适宜种植橡胶、南药、香料、咖啡、可可、柚木、腰果、珍贵药材、名贵经济林木等。全州约有宜林荒山16.2万公顷。

地热资源

迄今为止,州内已发现温泉73处,其中水温23～40℃的48处,40～60℃的13处,60～103℃的11处。流量最大的是元阳糖厂温泉(417.09升/秒),水温最高的是金平县的马磨索大热水塘(水温90～103℃),流经这一地段的小溪水温从20℃上升到50℃,是建地热电站的有利地段。

生物资源

充足的光能和降水造就了红河辖区内丰富的生物资源。全州野生动植物种类丰富,有各种高等植物7000多种,其中乔灌木植物2078种,占全国乔灌木植物的1/4;有国家和省级保护植物

一、美丽富饶的红河

115种，保护动物77种。全州现有6个省级以上的自然保护区，总面积1607平方千米。2011年，红河州有自然保护区7个（其中国家级自然保护区3个），野生动植物资源丰富，堪称"天然动植物王国"，被誉为"滇南生物基因库"。境内有野生种子植物229科1530属5667种，其中裸子植物8科17属29种，被子植物221科1513属5638种。有国家重点保护野生植物82种，其中国家一级重点保护野生植物有苏铁、金花茶等23种，国家二级重点保护野生植物59种。有陆栖脊椎野生动物690种。国家重点保护野生动物102种，其中国家一级重点保护野生动物有马来熊、黑冠长臂猿、金钱豹、绿孔雀等21种，国家二级重点保护野生动物81物种。中草药911种，其中植物药770种，动物药140种，矿物药1种。

矿产资源

红河州矿产资源具有4个方面的特点：一是矿种多，资源配套程度高。已探明储量的30余种矿种具有资源结构上的综合优势，主要金属矿产共、伴生组合多，综合利用价值和就地配套程度高，有利于相互结合发展矿产品化工、精深加工等矿业延伸产业。二是资源分布广又相对集中。境内已发现的矿产地遍布全州13个市、县。红河以北地区是锡、铜、铅、锌、钨、银稀贵金属及锰、煤的集中区,红河以南为铜、镍、金、铁及非金属类矿产的集中区。个旧矿业经济区是我州主要矿产资源的集中区,有色金属储量居全省第一,其中锡储量居全国首位。霞石储量24亿吨,其中三氧化二铝5.4亿吨,氧化钾2.82亿吨。霞石开采已列入国务院关于西南和华南部分省区域规划纲要,并通过了省级可行性研究论证,具有长远的开发前景。三是主要矿产在全国、全省资源优势明显。个旧的锡,储量占世界的总量24.66%,占全国总量的39.14%,占云南省总量的82.7%。蒙自白牛场高银多金属矿探明银储量4044吨,是国内较大的银矿。金平县的镍,探明储量为80万吨,是全国第四大富镍矿。

能源资源

红河州地处滇东、滇东南、滇西三大成矿带交接部,地质成矿条件较好,有丰富的矿产资源,是云南省重要的能源基地。红河州褐煤保有储量丰富,矿体埋藏浅,煤层厚度大,变质程度低,

一、美丽富饶的红河

是火力发电的优质燃料。褐煤也是一种优质化工原料,利用先进技术,将褐煤转化为合成油和甲醇,前景非常可观。红河州还拥有丰富的水能资源,境内有红河、南盘江、藤条江、李仙江等四大水系,水电理论蕴藏量在500万千瓦左右,可开发水电装机容量450万千瓦以上。

二、历史悠久的红河

红河州历史悠久,素有"滇南商埠""滇南邹鲁""文献名邦"的美誉。旧石器时代,红河州即有人类繁衍生息。

西汉时期,中央王朝就在"西南夷"地区设置4个郡,其中的牂牁郡设于汉武帝元鼎六年(前111年),辖17县,境内(今红河州内)有同并县(今弥勒市北部至石林彝族自治县一带)、漏江县(今泸西县一带)、西随县(今金平县一带)、进桑县(今屏边县至河口县一带);益州郡设于汉元封二年(前109年),辖24县,境内有律高县(今弥勒市西南至建水县曲江镇)、贲古县(今蒙自市、个旧市一带)、毋棳县(今开远市、建水县一带)、胜休县(今石屏县、峨山县等地)、来唯县(今红河县、元阳县、绿春县、金平县西部、包括越南莱州省西北部)。

二、历史悠久的红河

东汉时,牂牁郡辖境范围与西汉同,只是将进桑县改为进乘县,将原益州郡西部6县划归新设的永昌郡,将来唯县并入西随县。

三国时期,诸葛亮在两汉的基础上对郡县的设置进行调整:改益州郡为建宁郡,原益州郡所属的胜休县及贲古县划归新设的兴古郡,还把进乘县、西随县等6县划归兴古郡;毋棳县改称西丰县,也归兴古郡;原属牂牁郡的毋单(今华宁盘溪至弥勒西部)、同并、漏江等县划归建宁郡。

西晋泰始六年(270年),晋武帝将益州所辖的建宁、兴古、云南、永昌4郡划出单独设置宁州。

公元589年,隋灭南朝陈,统一南北分裂的中国,在今曲靖设南宁州总管府。

唐武德五年(622年),改交趾郡为交州。唐武德七年(624年),改南宁州总管府为都督府,贞观元年(627年)废。唐调露元年(679年)于交州设安南都护府,驻今越南河内。今红河州东南部的屏边、蒙自、河口属安南都护府。南诏前期拓东节度的南部控制区只达今红河以北,红河以南的今红河、元阳、绿春、金平等县之地,东南部的今蒙自、屏边、河口、马关、文山等地仍然是唐朝安南都护府的管辖范围。公元765年，南诏筑拓东城，不久设拓东节度，在拓东节度的军事防守区内，仿唐设府、州、郡、县。境内有建水郡。在一些民族聚居区仍设部，境内有弥鹿部（今泸西）、弥勒部（今弥勒）。唐大中八年（854年）以后，南诏拓东节度收管七绾洞（今河口、马关一带），同时获得"棠魔蛮"（今红河、元阳、金平、绿春等地的傣族）居住的地方，不久南诏便把拓东节度南部划出一片设通海都督府，境内大部地方属之。

大理政权后期改通海都督府为秀山郡，辖阿僰部（今建水县）、纳楼部、石平邑、目则城（今蒙自）等，相当于县一级政区。还辖有铁容甸部（今红河县东南之下亏容）、思陀部（今红河县西部之思陀）、伴溪部（今红河县西南之落恐）、七溪部（今红河县东南之溪处）、大甸（今金平县内）。后又从秀山郡中分出另立最宁府，下辖屈中部（今开远东南一带）、阿马部（今屏边一带）、舍资部（今蒙自东部之老寨）、哈迷部（今开远市城区）等。

二、历史悠久的红河

大理政权后期还撤销拓东节度,建石城郡,弥鹿部、弥勒部隶属石城郡。

元至元十三年(1276年),云南行省建立后,撤销原万户、千户、百户等军事性组织,改设路、府、州、县,境内属临安路、和泥路、广西路。明朝把元朝的临安路、和泥路合并设临安府,府治驻建水州,辖6州、5县、9个长官司,辖区多在今红河州内;又改广西路为广西府,辖弥勒等三州。

清朝沿袭明朝在云南的设置,但也有一些变化。乾隆三十五年(1770年),降广西府为广西直隶州(驻今泸西县城),原所属州降为县。广西直隶州直辖地即今泸西县,下辖弥勒等3县。同年,建水州也降为建水县。清临安府辖3州、5县、28个大小土官,境内有建水县、石屏州、阿迷州(今开远市)、蒙自县、纳楼茶甸长官司(领今建水县南部、元阳县、绿春县部分地区)、落恐甸长官司(驻今红河县宝华区朝阳村)、左能寨长官司(驻今红河县宝华区嘎他村)、思陀甸长官司(驻今红河县乐育区)、亏容甸长官司(驻今红河县勐龙区大寨)、纳更山土巡检(驻今元阳县东南的同春山)、溪处甸长官司副长官(驻今红河县南石头寨)、瓦渣甸长官司(驻今红河县中部甲寅区)、阿邦土舍(驻今个旧市南阿邦村)、慢车土舍(驻今红河县东北慢车村)、稿吾卡土把总(驻今元阳县东部稿吾卡)、十五猛土掌寨(在今建水县和个旧市南部的红河北岸一带及元阳、金平县境内,越南莱州省北部的黑江北岸)。

光绪十四年(1888年)设临安开广兵备道,驻蒙自,领临安、开化、广南3府。

民国三年(1914年),临开广道改为蒙自道,沿至民国十八年(1929年)撤销蒙自道。蒙自道辖建水县、个旧县、阿迷县、蒙自县、石屏县、广西县、弥勒县等16县和河口对汛督办区。民国三十一年(1942年)7月,云南省第三行政督察专员公署在建水成立。1947年12月,第三行政区改为第五行政区,仍驻建水,1949年迁个旧。原第二行政区改编为第三行政区(驻弥勒),1949年3月迁驻路南。第三行政区改为第五行政区后辖建水、石屏、曲溪、开远、个旧、蒙自、屏边、金平等10县和龙武设治局、河口对汛督办。第二行政区改为第三行政区后辖弥勒、泸西、路南(今石林)等县。

二、历史悠久的红河

新中国成立后,1949年12月,滇南人民行政公署在建水成立。1950年2月改称蒙自区行政督察专员公署,3月驻地迁蒙自,12月改称云南省人民政府蒙自区专员公署(简称蒙自专署),辖蒙自、屏边、开远、个旧、金平、建水、石屏、曲溪、元江(1954年7月划归玉溪专区)、红河、新民(1951年改为元阳)县、河口市以及龙武设治局。

1954年设立红河哈尼族自治区,自治区人民政府驻元阳县新街。原属蒙自专区的元阳(驻新街)、红河(驻迤萨)、金平3县划入红河哈尼族自治区。

1956年设立六村办事处(县级行政单位),作为红河哈尼族自治区的派出机关。红河哈尼族自治区辖3县、1办事处。1957年11月18日成立红河哈尼族彝族自治州,自治州人民委员会驻蒙自县。原由红河哈尼族自治区领导的元阳、红河、金平等3县及六村办事处和蒙自专区所属蒙自、屏边、河口、石屏、龙武(驻龙朋镇)、曲溪、建水、开远等8县和弥勒县划入红河哈尼族彝族自治州,辖12县、1办事处。

1958年原由省直辖的个旧市划归红河哈尼族彝族自治州。自治州人民委员会由蒙自县迁个旧市。撤销开远县,并入个旧市和文山县;撤销蒙自县,并入个旧市。撤销六村办事处,原六村办事处辖区及金平、元阳2县部分地区合并设立绿春县(驻大兴寨)。红河哈尼族彝族自治州辖1市、11县。

1960年撤销曲溪县,并入建水县;撤销龙武县,并入石屏县。恢复开远、蒙自2县,开远、蒙自2县由个旧市领导。

1961年原由个旧市领导的开远、蒙自2县划归红河哈尼族彝族自治州直接领导。

1962年恢复泸西县(驻中枢镇;原泸西县于1960年属曲靖专区时撤销,并入弥勒县)。红河哈尼族彝族自治州辖1市、12县。

1963年7月1日,屏边县改设屏边苗族自治县;7月11日,河口县改设河口瑶族自治县。红河哈尼族彝族自治州辖1市、10县、2自治县。

1981年1月18日,经国务院批准,撤销开远县,设立开远市(县级)。红河哈尼族彝族自治州辖2个市、9个县、2个自治县。

二、历史悠久的红河

1984年12月5日国务院批复：将红河县哈阿乡梅普村划归玉溪市元江哈尼族彝族傣族自治县管辖。

1985年6月11日国务院批复：撤销金平县，设立金平苗族瑶族傣族自治县。以原金平县的行政区域为金平苗族瑶族傣族自治县的行政区域。红河哈尼族彝族自治州辖2个市、8个县、3个自治县。

2003年1月29日，国务院批复：红河哈尼族彝族自治州人民政府驻地由个旧市迁移至蒙自县。

2010年9月10日，经国务院批准，民政部批复：撤销蒙自县，设立蒙自市。

2013年3月，经国务院批准，民政部批复：撤销弥勒县，设立弥勒市。

（一）蒙自市

蒙自已有上万年的人类繁衍活动史、2100多年的建县史。"蒙自"，一说以县西坝子边缘的目则山而得名，汉语讹为蒙自。一说目则为昧则目音转而得名，系蛮语，意为山竹。一说系苗语"苗族之家"之意。西汉元封二年（前109年），置贲古县，属益州郡所辖24县之一。东汉属益州郡贲古县,三国蜀汉属益州兴古郡贲古县,两晋至南朝梁属宁州兴古郡贲古县。北朝周属南宁州。隋属南宁州总管府。唐初属剑南道戎州,唐南诏国属通海都督府辖地,宋大理国属秀山郡目则。元宪宗七年(1257年)置蒙自千户,属阿僰万户;至元十三年(1276年),改置蒙自县至今,隶属临安广西元江宣慰司临安路。明为蒙自县,隶属临安府。

清初沿明制,为蒙自县,隶属临安府。雍正八年(1730年)七月,临安府属迤东道;乾隆三十一年(1766年)十月,临安府属迤南道;中法战争(1883—1885年)结束后,光绪十三年(1887年)十月,为适应对外通商需要,清廷与法国在

红河州青少年宫

二、历史悠久的红河

北京签订《中法续议商务专条》,指定开广西龙州和云南蒙自为通商处所,蒙自成为中法之间的"约开商埠"。同年,清廷在蒙自设分巡临安开广道,下辖临安府(今建水县一带)、开化府和广南府(均属今文山州一带),兼管即将正式开关的蒙自海关关务。由此,蒙自成为云南近代史上的滇东南军事、政治中心。光绪十五年(1889年),蒙自海关落成并正式开关,这是近代云南第一个海关,也是近代中国21大海关之一。

民国初年蒙自属蒙自道,为道尹驻地。民国十八年(1929年),废道后直属云南省。民国三十一年(1942年),属云南省第三行政督察区(驻建水县)。民国三十七年(1948年),属云南省第五行政督察区(驻建水县)。

1950年1月16日,蒙自解放,蒙自县人民政府隶蒙自专区,专区行政公署驻蒙自。

1957年11月18日,蒙自专区与红河哈尼族自治区(驻地在今元阳县)合并成立红河哈尼族彝族自治州,州府驻蒙自。

1958年7月,红河州人民委员会由蒙自县迁往个旧市。

1958年10月20日国务院全体会议第81次会议决定：撤销蒙自县，将原蒙自县全部地区划归个旧市。

1960年9月13日国务院全体会议第103次会议通过：恢复原并入个旧并撤销的蒙自建制，其行政区域仍照原撤并前不变，蒙自由个旧领导。同年，开远草坝公社划归蒙自。1961年2月14日，国务院批复：将原由个旧领导的蒙自划归红河哈尼族彝族自治州直接领导。

1992年11月26日，蒙自被列为省级经济开发区。1992年12月18日，蒙自被列为国家级对外开放县。1999年2月5日，蒙自被列为省级农业产业化试验示范区。2001年，州级行政机关搬迁奠基仪式在蒙自开发区举行。2003年1月29日，国务院批复同意将红河州政府驻地由个旧市迁移至蒙自县。2003年7月11日，省政府滇南中心城市现场办公会研究决定，建设以蒙自为核心的蒙（自）个（旧）开（远）——滇南中心城市。

2010年9月10日，经国务院批准，民政部批复：撤销蒙自县，设立蒙自市。截至2012年，蒙自市辖7镇、2乡、2民族乡；分别为：文澜镇、草坝镇、雨过铺镇、新安所镇、芷村镇、鸣鹫苗族镇、冷泉镇、水田乡、西北勒乡、期路白苗族乡、老寨苗族乡。

（二）个旧市

西汉属益州郡贲古县。东汉属益州郡贲古县。

三国蜀汉属益州兴古郡贲古县。西晋属宁州兴古郡贲古县。东晋至南朝梁属宁州梁水郡贲古县。北朝周属南宁州。

隋隶南宁州总管府。唐初属剑南道黎州，唐南昭国属通海都督，宋大理国隶秀山郡。

元至元十三年（1276年），设蒙自县，属临安路，个旧是蒙自县属五乡中的一乡，同时也是蒙自十二里中的上六里之一，称个旧里。

个旧市风光

明朝为一林庄,归临安府蒙自县所辖。清康熙四十六年(1707年)在个旧设厂称"个旧厂",专收锡、银课税。光绪十一年(1885年),设个旧厅,建立衙署,专管矿务。民国二年(1913年)4月,个旧厅改为个旧县,隶蒙自道。民国十八年(1929年),废道后直属云南省。民国三十一年(1942年)属第三行政督察区(驻建水县)。民国三十七年(1948年)属第五行政督察区(驻建水县)。民国三十八年(1949年)第五区驻地迁个旧县。

1950年属蒙自专区。1950年1月27日,个旧县在红河两岸的和邻乡划归新设立的新民县。1951年1月10日,国务院批准:撤销个旧县,设立个旧市,属云南省辖。其辖区以矿区为主,并将原个旧县的宝华区、天锡区及上方区之一部划归矿区,蒙自县属的大屯区之一部划入,个旧县旧属的云河区并入蒙自县。

1958年9月16日,划归红河哈尼族彝族自治州,自治州人民委员会驻地由蒙自县迁至个旧市。1958年10月20日国务院全体会议第81次会议决定:撤销蒙自县,将原蒙自县全部地区划归个旧市。撤销开远县，将原开远县的六区全部和七区的4个乡、五区的1个乡划归文山县，其余地区划归个旧市。1960年9月13日国务院全体会议第103次会议通过：恢复原并入个旧市并撤销的开远、蒙自2县建制，其行政区域仍照原撤并前不变，开远、蒙自2县由个旧市领导。1961年2月14日，国务院批复：将原由个旧领导的开远、蒙自2县划归红河哈尼族彝族自治州直接领导。

1988年，个旧为云南省计划单列市，行使地州级经济管理权。1997年，个旧市辖1个街道、8个镇、4个乡：城区街道、沙甸镇、锡城镇、鸡街镇、大屯镇、乍甸镇、老厂镇、卡房镇、蔓耗镇、贾沙乡、保和乡、倘甸乡、黄草坝乡。

2001年，全市辖1个街道、8个镇、4个乡：城区街道、锡城镇、鸡街镇、大屯镇、乍甸镇、老厂镇、卡房镇、蔓耗镇、沙甸镇、倘甸乡、贾沙乡、保和乡、黄草坝乡。

2003年1月29日，红河州政府驻地由个旧市迁移至蒙自县。2003年4月25日，撤销个旧市黄草坝乡、蔓耗镇，合并设立蔓耗镇，镇政府驻原蔓耗镇政府驻地。2005年，个旧市撤销鸡街镇、倘甸乡和乍甸镇，合并设立鸡街镇，镇政府驻原鸡街镇政府驻地。截至2012年，个旧市辖1个街道、7个镇、2个乡：城区街道、锡城镇、沙甸镇、鸡街镇、大屯镇、老厂镇、卡房镇、蔓耗镇、贾沙乡、保和乡。

（三）开远市

开远境地古为阿宁蛮。

夏、商、周时属古畹町国范围。

先秦时期属滇国领地。

西汉元封二年（前109年），在今开远至建水一带设毋棳县，隶益州郡，始有建置。东汉属益州郡。

蜀汉建汉三年（225年）后称西丰县，属益州兴古郡。西晋复称毋棳县，隶宁州兴古郡。东晋至南朝梁隶宁州梁水郡。北朝周隶南宁州。隋属南宁州总管府。唐初属剑南道

开 远

二、历史悠久的红河

戎州,唐南诏国为爨部地,隶通海都督。

宋大理国在今开远置最宁镇。元宪宗七年(1257年)置阿迷万户府于开远。至元二年(1265年)改属南路。元至元十三年(1276年)撤阿迷万户府,置阿迷州。大德三年(1299年)改隶临安路。明洪武十五年(1382年)置阿迷州。永历二年(1648年)更名开远州,后复名阿迷州。清初袭明制,阿迷州属临安府。清雍正八年(1730年)七月,临安府属迤东道;乾隆三十一年(1766年)十月,临安府属迤南道;光绪十三年(1887年)十月,临安府属临安开广道。民国二年(1913年)4月,废州改县,称阿迷县,辖东、南、西、北、中5个区,隶蒙自道。民国十八年(1929年)废道,直隶云南省。民国二十年(1931年)12月,时任阿迷县县长蒋子孝取"四面伸开,连接广远"之意,改阿迷县为开远县。民国三十七年(1948年),属云南省第五行政督察(驻建水县)。

1950年1月18日,开远解放。1950年4月27日,开远县人民政府成立,辖6个区,隶蒙自专区。1957年,开远县划归红河州。1958年10月20日,国务院全体会议第81次会议决定:撤销开远县，将原开远县的六区全部和七区的4个乡、五区的1个乡划归文山县，其余地区划归个旧市（国务院9月16日批准，省人委10月3日通知）。设开远公社（原一、二区）、五星公社（原五、七区）、燎原公社（原三区、七区的左美底乡和蒙自草坝），隶个旧市。

1959年2月，成立人民公社开远联社，为政社合一组织，辖开远、布沼、五星、大庄、草坝五个公社，隶个旧市。1960年9月13日，国务院全体会议第103次会议通过：恢复原并入个旧市并撤销的开远县建制，其行政区域仍照原撤并前不变，开远县由个旧市领导。开远县辖5个公社。1961年，草坝公社划归蒙自县。1961年2月14日，国务院批复：将原由个旧领导的开远县划归红河哈尼族彝族自治州直接领导。辖城关、开远、中寨、小龙潭、大庄5个公社及马者哨、中和营、吉德、宗舍4个区。

1981年1月18日，国务院批准：撤销开远县，设立开远市（县级），以原开远县的行政区域为开远市的行政区域。11月18日开远市正式成立，辖5乡3处，隶红河州。

二、历史悠久的红河

2000年,开远市辖3个街道、5个乡:灵泉街道办事处、乐白道街道办事处、小龙潭街道办事处、中和营乡、马者哨乡、碑格乡、羊街乡、大庄回族乡。2001年,全市辖3个街道、4个乡、1个民族乡(大庄回族乡)。2003年,开远市辖5个乡、3个街道办事处:大庄回族乡、羊街乡、马者哨乡、中和营乡、碑格乡;乐百道街道、灵泉街道、小龙潭街道。共有52个村委会、19个社区居委会。2005年,开远市撤销中和营乡和马者哨乡,设立中和营镇。2006年,开远市将小龙潭街道办事处改设为小龙潭镇,镇政府驻原小龙潭办事处。

2011年,开远市辖2个街道、2个镇、3个乡(其中1个民族乡):乐百道街道、灵泉街道、小龙潭镇、中和营镇、大庄回族乡、羊街乡、碑格乡。下设23个社区居民委员会、52个村民委员会,454个自然村。

(四)弥勒市

弥勒系唐时东爨乌蛮一个部落酋长的名字,后来用作部名,称弥勒部。后演变为地名。

两汉时东北部属牂牁郡同并县,西南部属益

· 27 ·

州郡律高县。三国蜀汉属益州建宁郡同并县。西晋属宁州建宁郡修云县。东晋至南朝梁属宁州。北朝周属南宁州。隋属南宁州总管府。

唐初属剑南道戎州，唐大理国属拓东节度弥勒部。宋大理国时属石城郡弥勒部（实自立为自杞国），为滇东"三十七蛮部"之一。元宪宗七年（1257年）属落蒙万户；至元十二年（1275年）置弥勒千户把总，领吉输、哀恶、步笼、阿欲四千户，属广西路；至元二十七年（1290年）改置弥勒州，属广西路。

明为弥勒州，属广西府。清初沿袭明制，为弥勒州，属广西府。雍正八年（1730年）七月，属迤东道广西府。乾隆三十五年（1770年）二月，广西府改为迤东道直隶州，弥勒州改为弥勒县，属广西直隶州。

民国初年属蒙自道，民国十八年（1929年）废道直属云南省。民国三十七年（1948年），属云南省第三行政督察区，为其驻地。

1950年，弥勒县属宜良专区。1953年3月28日，政务院批准：撤销弥勒县，设立弥勒彝族自治区（县级），属宜良专区（1952年2月8日，

二、历史悠久的红河

云南省人民政府批准；1953年1月1日成立）。1954年6月12日，政务院批准：撤销宜良专区，弥勒彝族自治区划归蒙自专区。1955年1月3日，国务院批准：弥勒彝族自治区更名为弥勒彝族自治县。

1957年9月6日，国务院全体会议第57次会议决定：设置红河哈尼族彝族自治州，将蒙自专区弥勒彝族自治县划归红河州。弥勒彝族自治县在建州后改建为弥勒县。1960年9月13日国务院全体会议第103次会议通过：撤销泸西县，将原泸西县的行政区域并归弥勒县。1962年3月27日，国务院全体会议第115次会议决定：恢复泸西县，以合并于弥勒县的原泸西县行政区域为泸西县的行政区域。

2013年1月24日，民政部《关于同意云南省撤销弥勒县设立弥勒市的批复》（民函〔2013〕29号）：经国务院批准，同意撤销弥勒县，设立县级弥勒市，以原弥勒县的行政区域为弥勒市的行政区域。弥勒市人民政府驻弥阳镇鹮翁西路136号。弥勒市由红河哈尼族彝族自治州管辖。

1996年，弥勒县辖6个镇、8个乡：弥阳镇、新哨镇、朋普镇、巡检司镇、虹溪镇、竹园镇、弥东乡、五山乡、卫泸乡、西一乡、西二乡、西三乡、东山乡、江边乡。县政府驻弥阳镇。

2000年第五次人口普查,弥勒县常住总人口495642人,其中:弥阳镇78426人,新哨镇54275人,虹溪镇42564人,竹园镇55998人,朋普镇48142人,巡检司镇30065人,弥东乡41729人,卫泸乡10250人,西一乡25560人,西二乡37379人,西三乡22712人,五山乡17246人,东山乡18012人,江边乡13284人。

2001年,西一乡、西二乡、西三乡、弥东乡、东山乡撤乡设镇。2001年,全县辖11个镇、3个乡:弥阳镇、弥东镇、新哨镇、西一镇、西二镇、西三镇、东山镇、虹溪镇、竹园镇、朋普镇、巡检司镇、卫泸乡、五山乡、江边乡。

2003年3月28日,省政府(云政复〔2003〕24号)批准撤销弥勒县弥阳镇、弥东镇,设立弥阳镇。2005年10月13日,省政府批准同意撤销弥阳镇和卫泸乡,设新的弥阳镇,镇政府驻原弥阳镇政府驻地;撤销竹园镇和朋普镇,设立新的竹园镇,镇政府驻原朋普镇同车村委会小者黑村。

二、历史悠久的红河

2006年,弥勒县总面积4004平方千米,总人口51.41万人。辖9个镇、2个乡:弥阳镇、新哨镇、虹溪镇、竹园镇、巡检司镇、西一镇、西二镇、西三镇、东山镇、五山乡、江边乡。共有7个居委会、128个行政村。东风农场在县境内。县政府驻弥阳镇。

2010年第六次人口普查,弥勒县常住总人口539725人,其中:弥阳镇162335人,新哨镇58791人,虹溪镇42414人,竹园镇53122人,朋普镇47964人,巡检司镇30159人,西一镇27425人,西二镇40539人,西三镇23980人,东山镇19783人,五山乡18552人,江边乡14661人。

2014年,虹溪镇、竹园镇被列为全国重点镇。

(五)建水县

建水因水得名。据《元史》:建水古称步头,亦云巴甸,每秋夏溪水涨溢如海,夷谓海为惠,历为大,故名惠历。汉语曰建水。步头,即指埠或码头,意为"水为码头"之意。"巴甸"则为彝语,"巴"为旱地,"甸"为水,意为被水环绕的一块旱地(岛屿)。

西汉属牂柯郡毋棳县。东汉属益州牂柯郡毋

棳县。三国蜀汉属益州建宁郡毋棳县。西晋属宁州兴古郡毋棳县。东晋至南朝梁属宁州。北朝周属南宁州。

隋为南宁州总管府所辖东爨地。唐初属剑南道戎州。唐元和年间（806—820年），南诏在建水筑惠历城（汉译建水城），隶属于通海都督府。大理国前期于此设建水郡，为巴甸侯爨判的封地，后期属秀山郡阿僰部地。

元初设建水千户，属阿僰万户；至元十三年（1276年）改名建水州，隶临安路（治通海）。明洪武十五年（1382年），临安路改临安府，府治迁至建水州，并设临安卫指挥使司（滇南军事指挥机关），拓地改建砖城，故有建水城又称临

建水文庙

二、历史悠久的红河

安城。

清初沿明制,于此置临安府和临元镇总兵官,建水州属临安府。清雍正八年(1730年)七月,临安府属迤东道。乾隆三十一年(1766年)十月,临安府属迤南道。乾隆三十五年(1770年)二月,改建水州为建水县,仍属临安府。光绪十三年(1887年)十月,临安府属临安开广道。

1912年10月,临安府所在地的建水县被裁撤,由临安府府长兼理建水县行政事务。1913年撤销临安府,复设县治于建水,改名为临安县;将建水县北区划出,设曲江行政委员,属县级行政机关,隶蒙自道。1914年1月,因与浙江临安县重名,仍恢复建水县旧名。1918年,撤曲江行政委员,改由建水县曲江县佐管理,县佐由省政府委派。1922年,将曲江县佐地划出,增设曲溪县,县政府驻新街(1929年11月批准)。1929年废道,建水、曲溪县由省直辖。1942年,建水、曲溪县属云南省第三行政督察区(驻建水县)。1948年,建水、曲溪县属第五行政督察区(驻建水县)。

1950年,建水、曲溪县属蒙自专区。1957年9月6日,国务院全体会议第57次会议决定:设置红河哈尼族彝族自治州，建水、曲溪县划归红河州（红河哈尼族彝族自治州于1957年11月18日成立）。1958年10月，中共红河地委决定撤销曲溪县。1960年9月13日，国务院全体会议第103次会议通过，国务院议69号文批准：撤销曲溪县，将原曲溪县的行政区域并归建水县。此后建水县撤销区乡建制，全县建成普雄、官厅、西庄、南庄、陈官、岔科、渣腊、曲江、利民、苏租10个公社。

1996年，建水县面积3764平方千米，人口约47.2万人，其中汉族占67%。辖5个镇、12个乡：临安镇、曲江镇、南庄镇、西庄镇、陈官镇、青龙乡、岔科乡、李浩寨乡、东山坝乡、面甸乡、东坝乡、坡头乡、官厅乡、普雄乡、盘江乡、甸尾乡、利民乡。县政府驻临安镇。

1999年，面甸乡、岔科乡、官厅乡、青龙乡、东坝乡撤乡设镇。至此，建水县辖10个镇、7个乡：临安镇、东坝镇、陈官镇、西庄镇、青龙镇、官厅镇、曲江镇、面甸镇、南庄镇、岔科镇、坡头乡、普雄乡、利民乡、东山坝乡、李浩寨乡、甸尾乡、盘江乡。

二、历史悠久的红河

2000年第五次人口普查,建水县常住总人口513712人,其中:临安镇62044人,官厅镇34210人,西庄镇34103人,青龙镇14741人,南庄镇49224人,陈官镇50034人,东坝镇47227人,岔科镇24481人,曲江镇45348人,面甸镇38311人,普雄乡12542人,李浩寨乡16110人,坡头乡23660人,东山坝乡22027人,盘江乡12059人,利民乡13782人,甸尾乡13809人。

2003年3月28日,省政府(云政复〔2003〕27号)批复同意撤销临安镇、东坝镇、陈官镇,设立临安镇;撤销曲江镇、东山坝乡,设立曲江镇。区划调整后,建水县辖8个镇、6个乡。2005年10月13日,省政府批准同意撤销曲江镇、利民乡和李浩寨乡,设立新的曲江镇,镇政府驻原曲江镇政府驻地。

2006年,建水县总面积3940平方千米,总人口51.7万人。辖8个镇、4个乡:临安镇、官厅镇、西庄镇、青龙镇、南庄镇、岔科镇、曲江镇、面甸镇、普雄乡、坡头乡、盘江乡、甸尾乡。共有10个居委会、137个行政村。县政府驻临安镇。

2010年第六次人口普查,建水县常住总人口 531456 人，其中：临安镇 177303 人，官厅镇 36884 人，西庄镇 33094 人，青龙镇 14716 人，南庄镇 46696 人，岔科镇 24105 人，曲江镇 71402 人，面甸镇 39033 人，普雄乡 12963 人，李浩寨乡 15105 人，坡头乡 22822 人，盘江乡 10457 人，利民乡 14227 人，甸尾乡 12649 人。

2014 年，临安镇、曲江镇被列为全国重点镇。

（六）石屏县

石屏县辖区，两汉时属益州郡所辖胜休县。西晋属兴古郡胜休县，东晋属梁水郡胜休县。隋属昆州。唐武德七年（624 年）设南宁州都督，辖 7 州 15 县，石屏属黎州；天宝十一年（752 年），本地土著民族掘地得石坪，聚为居邑，始号石坪

石屏异龙湖

二、历史悠久的红河

邑;乾符六年(879年)南诏政权时,石屏邑隶属通海都督。

宋大理政权时,石屏邑属秀山郡阿部。蒙古至元七年(1270年)改阿万户为南路,随即改临安路,石坪邑置为州,设土官,隶属临安路。明洪武十五年(1382年),改石坪州为石平,后改石屏,属临安府。

清沿明制,康熙元年(1662年)于宝秀设把总;乾隆二十年(1755年)改临安府隶属迤南道,石屏州隶属之;嘉庆十五年(1810年)亏容、思陀、落恐、左能、瓦渣五土司归石屏州;同治十二年(1873年)临安府改属开广道,石屏州随属之。

民国二年(1913年)改石屏州为石屏县,隶属蒙自道。民国十八年(1929年)裁蒙自道后属行政专员公署。民国二十三年(1934年)划石屏、新平、峨山、河西、通海五县部分属地,并设龙武设治局,玉溪管辖。民国三十八年(1949年)7月,云南省政府奉政务院核准电令将龙武设治局改置龙武县,仍隶属玉溪专署。

1950年3月于建水设滇南行署,石屏、龙武两县隶属之。同年4月迁蒙自专员公署,石屏、龙武俩县随属之。是年9月,因龙武县人口太少、区域太窄设县条件不够,改设龙武设治局。1953年5月,龙武设治局人民政府驻地由龙武迁至龙朋。1955年12月29日,龙武设治局复改龙武县。1957年11月18日撤蒙自专署,成立红河哈尼族彝族自治州,石屏、龙武两县隶之。1958年11月1日石屏县、龙武县合并,称石屏县至今。

(七)泸西县

泸西县名含义有两种说法:一说因城西有泸源洞而得名;一说因城西有泸川而得名。

西汉元鼎六年(前111年)设置漏江县,隶属牂牁郡。东汉为漏江县,属益州牂牁郡。三国蜀汉属益州建宁郡漏江县。西晋属宁州建宁郡漏江县。东晋至南朝梁属宁州。北朝周属南宁州。隋属南宁州总管府。

唐初属剑南道戎州;武德元年(618年)改置陇堤县,属郎州。南诏国为弥鹿部,属拓东节度。大理国为弥鹿部,属石城郡(实为师宗、弥勒二部自立的自杞国)。

元宪宗七年(1257年)属落蒙万户;至元十二年(1275年)置广西路,后置宣抚司,又废。

二、历史悠久的红河

辖师宗、弥勒两个千户总把。至元二十七年（1290年），师宗、弥勒千户总把改置师宗州、弥勒州。大德四年（1300年）维摩州改属广西路。

明洪武十五年（1382年）改置广西府，辖弥勒、师宗、维摩（今丘北）三州及18寨，隶属云南布政司。

清初袭明制，称广西府，属云南省，辖师宗、弥勒、维摩3州。康熙八年（1669年）裁维摩州，其地析入广西、广南、开化三府。以其属广西府地改置三乡县，属广西府。康熙九年（1670年）裁三乡县，并入师宗州。雍正二年（1724年）于五蟒地置五岴厅，属广西府。雍正八年（1730年）七月，广西府属迤东道（治曲靖府）。雍正九年（1731年）设师宗州州同于旧三乡县之丘北。乾隆三十五年（1770年）二月，降广西府为直隶州，改所领师宗、弥勒二州为县，师宗州州同改县丞，析五蟒厅改属曲靖府，广西直隶州仍属迤东道。乾隆四十一年（1776年）十一月，裁曲靖府属之五岴厅，于其地置广西直隶州判还属于广西直隶州。道光二十年（1840年）六月，于丘北县丞地置丘北县，属广西直隶州。

至清末，广西直隶州辖师宗、弥勒、丘北3县。民国二年（1913年）4月，改广西直隶州为广西县，隶蒙自道。民国十八年（1929年），废道直属云南省；同年11月，改广西县为泸西县。民国三十七年（1948年），属云南省第三行政督察区（驻弥勒县）。

1950年属宜良专区。1954年6月12日，国务院批准：撤销宜良专区，所辖的泸西县划归曲靖专区。1958年10月23日，师宗、罗平、泸西合并，成立师宗县，县府驻师宗县城，属曲靖专区。1959年2月15日，泸西县从师宗县析出，仍属曲靖专区。1960年9月13日国务院全体会议第103次会议通过：撤销泸西县，将原泸西县的行政区域并归弥勒县；改属红河州。1962年3月27日，国务院全体会议第115次会议决定：恢复泸西县，以合并于弥勒县的原泸西县行政区域为泸西县的行政区域；隶属红河州。

1996年，泸西县面积1674平方千米，人口约34.8万人，其中汉族占总人口的87.5%。辖1个镇、9个乡：中枢镇、三河乡、金马乡、旧城乡、逸圃乡、向阳乡、永宁乡、三塘乡、午街铺乡、

二、历史悠久的红河

白水乡。县政府驻中枢镇。

2000年第五次人口普查,泸西县常住总人口365585人,其中:中枢镇82193人,向阳乡26269人,三塘乡18775人,永宁乡21667人,逸圃乡25039人,午街铺乡43205人,金马乡47967人,旧城乡28122人,三河乡25236人,白水乡47112人。

2001年,三河乡、白水乡、金马乡、午街铺乡、逸圃乡撤乡设镇。2001年6月15日,旧城乡撤乡设镇。至此,全县辖7个镇、3个乡:中枢镇、白水镇、三河镇、旧城镇、金马镇、午街铺镇、逸圃镇、向阳乡、三塘乡、永宁乡。

2003年末,全县总人口37.48万人,其中农业人口33.65万人,占总人口的90.3%。彝族、回族、壮族、苗族、傣族等少数民族人口4.5万人,占全县总人口的12%。辖7个镇、3个乡:中枢镇、三河镇、金马镇、旧城镇、逸圃镇、午街铺镇、白水镇、向阳乡、永宁乡、三塘乡。

2005年10月13日,省政府批准同意泸西县撤销中枢镇和逸圃镇,设立新的中枢镇,镇政府驻原中枢镇政府驻地;撤销旧城镇和三河镇,设立新的旧城镇,镇政府驻原旧城镇政府驻地。

2006年,泸西县总面积1674平方千米,总人口38.41万人。辖5个镇、3个乡:中枢镇、金马镇、旧城镇、午街铺镇、白水镇、向阳乡、三塘乡、永宁乡。共有5个居委会、86个行政村。县政府驻中枢镇。

2010年第六次人口普查,泸西县常住总人口400734人,其中:中枢镇130672人,金马镇52227人,旧城镇58341人,午街铺镇45669人,白水镇47401人,向阳乡26711人,三塘乡17950人,永宁乡21763人。

2014年,金马镇被列为全国重点镇。

(八)元阳县

元阳因地处红河上游元江之南,故得此名。

西汉属益州郡;东汉属益州郡;三国蜀汉属益州兴古郡;两晋及南朝梁属宁州兴古郡;北朝周属南宁州。

隋属南宁州总管府。唐初属岭南道和蛮部,唐南诏国时属通海都督。宋大理国时属秀山郡。元属临安广西元江宣慰司和泥路。

二、历史悠久的红河

明清属临安府。明洪武十五年（1382年），纳楼茶甸第九副长官司辖"三江八里"（"三江"即红河、藤条江、黑江，"八里"即永顺里、乐善里、安正里、崇道里、敦厚里、复盛里、太和里、钦崇里），疆界东至交趾（越南），西至石屏云台里，南至元江直隶州，北至临安纸房铺。洪武年间，设纳更山土巡检。疆界辖今上新城、小新街、逢春岭、大坪区等地。万历四十二年（614年）设宗瓦掌寨，疆界辖今多依树、大瓦遮乡一带。崇祯十二年（1639年）设水塘掌寨，辖今五邦乡水塘村。

清顺治十五年（1658年）设五亩掌寨，辖今槟榔园、五亩、南沙、南沙新寨等四村，后又设五邦掌寨，辖今五邦、五邦新寨、沙仁沟等村。雍正年间，设稿吾土把总，辖今逢春岭、大坪两区及小新街区部分地区。雍正十三年（1735年），设猛弄掌寨。乾隆二十年（1755年），设马龙掌寨。嘉庆二十四年（1819年）纳更土巡检，稿吾土把总划归蒙自。嘉庆十二年（1807年），宗瓦掌寨分裂为宗哈、瓦遮、宗瓦三掌寨。光绪九年（1883年），纳楼茶甸划分为四土舍。长舍普卫本分管乐善里、永顺里，兼管三猛地区；二舍普文礼分管崇道里、安正里；三舍普应元分管复盛里、敦厚里；四舍普应隆分管钦崇里、太和里。

民国时期分属建水、蒙自、个旧3县。民国元年（1912年）纳楼辖地敦厚里划归建水，为建水县第九区。民国二年（1913年）民国政府在红河南岸土司地区推行保甲制，稿吾、纳更划归个旧，为个旧县外西区。将敦厚里等地划归建水县南区。民国七年（1918年），马龙掌寨分为马龙、六呼两掌寨。民国十一年（1922年），太和里改为建水县第九区太和乡；乐善里、永顺里改为建水县永乐乡；五邦、水塘两掌寨划归建水县瑞云乡；宗瓦、瓦遮、宗哈、六呼、马龙、五亩六掌寨划归建水县六合乡；猛弄掌寨改为建水县猛弄乡。

1950年1月27日成立设立新民县，隶属蒙自专区，其辖区为：建水县在红河两岸的水乐乡、猛弄乡、太和乡、瑞云乡、六和乡、敦厚镇、崇安乡的一个保和五亩、五帮2个独立保；个旧县在红河两岸的和邻乡；蒙自县在红河两岸的纳更镇、稿吾镇。9月20日改称蒙自专区新民办事处（县级）。

二、历史悠久的红河

1951年3月24日政务院批准：新民县更名为元阳县。1952年9月，成立麻栗寨哈尼族自治乡；11月，成立太和哈尼族彝族傣族自治乡。1953年7月1日，第一次全国人口普查，全县人口158833人。8月，建立芭蕉岭彝族自治乡。1954年1月1日，设立红河哈尼族自治区（地级），自治区人民政府驻元阳县新街，元阳县划入红河哈尼族自治区。1954年6月15日，成立万漠（今排沙）傣族自治乡。1956年8月，建立采山坪苗族自治乡；全县共设7个区，75个乡。1957年11月18日，红河哈尼族彝族自治州正式成立，元阳县划入红河哈尼族彝族自治州。

1964年7月1日，第二次全国人口普查，全县人口82054人。

1970年4月，新街公社划分为新街、胜村两个公社；新城公社划分为新城、小新街两个公社；牛角寨公社划分为牛角寨、沙拉托两个公社；攀枝花公社划分为攀枝花、黄茅岭两个公社；黄草岭公社划分为黄草岭、俄扎两个公社；逢春岭公社划分为逢春岭、大坪两个公社。12月，新街公社又划分为新街、南沙两个公社。

1982年7月1日,第三次全国人口普查,全县人口301442人。1984年2月6日,开展区乡体制改革,全县设15个区、1个镇,131个乡(含一个区属镇)。

1996年,元阳县面积2190平方千米,人口约34.5万人,其中哈尼族占总人口的52.8%,彝族占23.5%。辖1个镇、14个乡:新街镇、南沙傣族乡、嘎娘乡、上新城乡、小新街乡、大坪乡、逢春岭乡、攀枝花乡、俄扎乡、黄茅岭乡、黄草岭乡、胜村乡、牛角寨乡、沙拉托乡、马街乡。县政府驻南沙傣族乡。

1997年,南沙傣族乡撤乡设立南沙镇。调整后,全县辖2个镇、13个乡:南沙镇、新街镇、马街乡、牛角寨乡、沙拉托乡、攀枝花乡、黄茅岭乡、黄草岭乡、俄扎乡、嘎娘乡、胜村乡、上新城乡、小新街乡、逢春岭乡、大坪乡。1998年12月19日,国务院批准:将元阳县人民政府驻地由新街镇迁至南沙镇。

2000年第五次人口普查,元阳县常住总人口362950人,其中:南沙镇20232人,新街镇36207人,胜村乡34770人,牛角寨乡29999人,

二、历史悠久的红河

沙拉托乡20375人，嘎娘乡17334人，上新城乡19661人，小新街乡22638人，逢春岭乡29902人，大坪乡23290人，攀枝花乡15714人，黄茅岭乡16214人，黄草岭乡31213人，俄扎乡18036人，马街乡27365人。

2002年，全县总人口365321人，其中农业人口345646人，占总人口的94.6%；非农业人口19675人。少数民族人口321328人，占总人口的87.96%；其中，哈尼族194472人，占总人口的53.23%；彝族85290人，占总人口的23.35%；傣族17950人，占总人口的4.9%；苗族12004人，占总人口的3.29%；瑶族8127人，占总人口的2.23%；壮族3369人，占总人口的0.92%。

2005年7月3日，省政府批准同意俄扎乡政府驻地从俄扎下寨迁移至哈播；10月13日，省政府批准同意撤销新街镇和胜村乡，设立新的新街镇，镇政府驻原新街镇政府驻地。

2006年，元阳县总面积2292平方千米，总人口37.76万人。辖2个镇、12个乡：南沙镇、新街镇、牛角寨乡、沙拉托乡、嘎娘乡、上新城乡、小新街乡、逢春岭乡、大坪乡、攀枝花乡、黄茅岭乡、黄草岭乡、俄扎乡、马街乡。共有4个居委会、133个行政村。县政府驻南沙镇。

2010年第六次人口普查,元阳县常住总人口396777人,其中:南沙镇26476人,新街镇74572人,牛角寨乡28830人,沙拉托乡20005人,嘎娘乡20522人,上新城乡23249人,小新街乡26406人,逢春岭乡34592人,大坪乡26813人,攀枝花乡17089人,黄茅岭乡18732人,黄草岭乡33218人,俄扎乡20314人,马街乡25959人。

2014年,新街镇被列为全国重点镇。

(九)红河县

红河县因地处元江下游红河,故名。

西汉属益州郡,东汉属益州郡。三国蜀汉属益州兴古郡。两晋及南朝梁属宁州兴古郡,北朝周属南宁州。隋属南宁州总管府。

唐初属岭南道和蛮部,唐南诏国时属通海都督。宋大理国属秀山郡。元隶临安广西元江宣慰司和泥路、元江路。

明清属临安府。清雍正八年(1730年)七月,临安府属迤东道;乾隆三十一年(1766年)十月,临安府属迤南道;光绪十三年(1887年)十月,

二、历史悠久的红河

临安府属临安开广道。

民国时期分属元江、石屏、建水三县。

1950年1月27日由元江县所辖的迤萨、大兴、骑马3个乡;石屏的思陀、瓦渣、落恐、左能、上方容、下方容6个乡和建水县永平(又名溪处)三猛、哈播、曼车独立保等土司管区析置,设立红河县,隶属蒙自专区。

1951年1月10日,政务院批准:撤销红河县,设立红河县爱尼族自治区(县级)。1953年,撤销红河县爱尼族自治区,恢复设立红河县。

1954年1月,设立红河哈尼族自治区(地级),红河县划入红河哈尼族自治区。1957年11月18日,红河哈尼族彝族自治州正式成立,红河县划入红河哈尼族彝族自治州。1955年4月29日,将红河县第六区(大兴镇)、第七区(骑马坝)划归新设立的县级六村办事处。

1984年12月5日国务院批复:将红河县哈阿乡梅普村划归元江哈尼族彝族傣族自治县管辖。1987年2月23日,经中共云南省委、云南省人民政府批准:将红河州红河县垤玛、三村两个区所辖12个乡、131个自然村、157个合作社、

4357户、24238人,面积363.8平方千米,与思茅地区墨江哈尼族自治县龙坝、那哈两个区所辖14个乡、177个自然村、4706户、33589人、面积456平方千米合并成立黑树林特区,为副县级建制,设立中共黑树林特区工委和黑树林特区办事处,由墨江代管。1988年5月,黑树林特区撤销,垤玛、三村两个区仍划回红河县。

1996年,红河县面积2057.9平方千米,人口约25.4万人,其中哈尼族占总人口的75%,彝族占14.4%。辖1个镇、13个乡:迤萨镇、勐龙傣族乡、甲寅乡、石头寨乡、阿扎河乡、洛恩乡、宝华乡、乐育乡、浪堤乡、大羊街乡、车古乡、架车乡、垤玛乡、三村乡。县政府驻迤萨镇。

2000年第五次人口普查,红河县常住总人口267627人,其中:迤萨镇15953人,勐龙傣族乡13674人,甲寅乡23239人,宝华乡21684人,洛恩乡22006人,石头寨乡14655人,阿扎河乡34554人,乐育乡21797人,浪堤乡25774人,大羊街乡18006人,车古乡10608人,架车乡17909人,垤玛乡13673人,三村乡14095人。

2001年,全县辖1个镇、12个乡、1个民族

二、历史悠久的红河

乡：迤萨镇、甲寅乡、宝华乡、洛恩乡、石头寨乡、阿扎河乡、乐育乡、浪堤乡、羊街乡、车古乡、架车乡、垤玛乡、三村乡、勐龙傣族乡。

2005年10月13日，省政府批准同意红河县撤销迤萨镇和勐龙傣族乡，设立新的迤萨镇，镇政府驻原勐龙傣族乡勐甸村委会凹腰山。

2006年，红河县总面积2034平方千米，总人口28.24万人。辖1个镇、12个乡：迤萨镇、甲寅乡、宝华乡、洛恩乡、石头寨乡、阿扎河乡、乐育乡、浪堤乡、大羊街乡、车古乡、架车乡、垤玛乡、三村乡。共有3个居委会、88个行政村。县政府驻迤萨镇。

2010年第六次人口普查，红河县常住总人口296480人,其中: 迤萨镇35767人,甲寅乡26194人，宝华乡21891人，洛恩乡23511人，石头寨乡16769人，阿扎河乡39828人，乐育乡23655人，浪堤乡27859人，大羊街乡19175人，车古乡12769人，架车乡20941人，垤玛乡14937人，三村乡13184人。

2014年，迤萨镇被列为全国重点镇。

（十）绿春县

绿春县主要区域原称"多娘"，是以哈尼族祖先建村时的人名命名。

1958年建县时，根据全县山清水秀、气候温和、四季如春的自然条件和各族人民希望生活像绿色的春天那样生机勃勃的美好心愿，取"六村"的谐音，定名为"绿春"。

西汉属益州郡，东汉改属益州牂牁郡西随县，三国蜀汉属益州兴古郡西随县。西晋属宁州兴古郡西随县。东晋至南朝梁属宁州。北朝周属南宁州。唐初属岭南道和蛮部。唐南诏国时分属通海都督和蛮部和银生节度威远赕。

宋大理国时分属秀山郡和威楚府；元代分属元江路、和泥路。明代分属元江府、临安府的纳楼、瓦渣、溪处土司及者米掌寨和钮兀御夷长官司。清顺治年间分属临安府和元江州；乾隆年间，元江州在当地的6个村寨置土官后，当地哈尼族习惯上称"多娘六村"。民国时期属建水、石屏、金平、元江、墨江县地。

1955年4月29日，将原墨江县坝留区下7乡（老白、三楞、玛玉、土堆、莫洛、东乡、卧

二、历史悠久的红河

龙)、红河县第六区(大兴镇)、第七区(骑马坝)及元阳的三勐区划出,设县级六村办事处于大兴镇,六村办事处为红河哈尼族自治区(地级)的派出机关。

1957年9月6日国务院全体会议第57次会议决定:设置红河哈尼族彝族自治州,原红河哈尼族彝族自治区六村办事处划入红河州。

1958年5月29日,国务院全体会议第77次会议决定:设立绿春县,撤销六村办事处,绿春县的行政区域包括原办六村事处的全部行政区域,和金平的平河、东批两乡,元阳划出的部分地区设县,定县名为绿春,县政府驻大兴寨,隶属于红河哈尼族彝族自治州。

1996年,绿春县面积3097平方千米,人口约19.2万人,哈尼族占总人口的87%。辖1个镇、8个乡:大兴镇、大水沟乡、大黑山乡、骑马坝乡、牛孔乡、戈奎乡、半坡乡、平河乡、三猛乡。县政府驻大兴镇。

2000年第五次人口普查,绿春县常住总人口201256人,其中:大兴镇44063人,戈奎乡19236人,牛孔乡29496人,大水沟乡18179人,大黑山乡17183人，半坡乡9462人，骑马坝乡12379人，三猛乡22967人，平河乡28291人。

2001年，全县辖1个镇、8个乡：大兴镇、戈奎乡、牛孔乡、大水沟乡、大黑山乡、半坡乡、骑马坝乡、三猛乡、平河乡。2005年，半坡乡政府驻地从半坡迁移至坝溜。

2006年，绿春县总面积3167平方千米，总人口21.11万人。辖1个镇、8个乡：大兴镇、戈奎乡、牛孔乡、大水沟乡、大黑山乡、半坡乡、骑马坝乡、三猛乡、平河乡。共有2个居委会、81个行政村。县政府驻大兴镇。

2010年第六次人口普查，绿春县常住总人口222180人，其中：大兴镇51812人，戈奎乡20173人，牛孔乡33557人，大水沟乡18150人，大黑山乡19881人，半坡乡10959人，骑马坝乡12758人，三猛乡25142人，平河乡29748人。

2014年，大兴镇被列为全国重点镇。

（十一）河口瑶族自治县

河口县因地处红河与南溪河交汇口而得名。

西汉属牂牁郡进桑县；东汉属益州牂牁郡进乘县。三国蜀汉属益州兴古郡进乘县。西晋属宁

二、历史悠久的红河

州兴古郡进乘县。东晋至南朝梁为宁州梁水郡进乘县。北朝周属南宁州。隋属南宁州总管府。唐初属岭南道,唐南诏国属通海都督。宋大理国属最宁府。

元属临安路。明代为临安府王弄山长官司地。清康熙五年(1666年)八月,裁王弄山长官司,属开化府。雍正八年(1730年)七月,开化府属迤东道(治曲靖府)。道光(1821—1850年)中期辟为汛地,取名河口汛。光绪十三年(1887年)十月,开化府属临安开广道。光绪二十三年(1897年)设河口对汛副督办公署,由省直辖。民国四年(1915年)置河口对汛督办公署。民国十五年(1926年)河口划为特别行政区,由省直辖。

1949年12月,河口和平解放。1950年1月建立县级人民政府。1950年5月31日,国务院批准:撤销河口对汛督办区,设立河口市(1950年6月10日云南省人民政府批准),属蒙自专区。1955年1月3日,国务院批准:河口市改为河口县,县等列为丁等,由蒙自专区领导监督。1957年11月18日,红河哈尼族彝族自治州正式成立,河口县划入红河哈尼族彝族自治州。1958年9月24日,国务院全体会议第 80 次会议决定：撤销河口县，设立河口瑶族自治县，自治县的行政区域为原河口县的全部和原屏边县的瑶山瑶族自治区。

1960 年 2 月 16 日，国务院全体会议第 96 次会议通过：设立河口瑶族苗族自治县，撤销河口瑶族自治县、屏边苗族自治县，将原河口瑶族、屏边苗族 2 自治县的行政区域为河口瑶族苗族自治县的行政区域。1962 年 3 月 2 日，国务院批准：撤销河口瑶族苗族自治县。1962 年 10 月 27 日，国务院全体会议第 117 次会议决定：恢复河口瑶族自治县。以合并于河口瑶族苗族自治县的原河口瑶族自治县行政区域为河口瑶族自治县的行政区域。

1992 年 9 月，经国务院批准设立河口边境经济合作区，界定面积 4.02 平方千米，享有省级经济管理权，后经省人民政府批准在边境经济合作区的基础上设立河口边境经济贸易区。1996 年，河口瑶族自治县面积 1313 平方千米，人口约 7.6 万人，其中瑶族占 27%。辖 2 个镇、4 个乡：河口镇、南溪镇、瑶山乡、莲花滩乡、老范寨乡、桥头苗族壮族乡。县政府驻河口镇。

二、历史悠久的红河

2000年第五次人口普查,河口瑶族自治县常住总人口95451人,其中:河口镇33359人,南溪镇17988人,老范寨乡4808人,桥头苗族壮族乡16964人,瑶山乡11130人,莲花滩乡11202人。

2003年,全县总人口77015人(含国营农场);其中农业人口43434人(含国营农场),占总人口的56.4%。瑶族、苗族、壮族、彝族、傣族、布依族等少数民族人口占总人口的60.02%。

2006年,河口瑶族自治县总面积1313平方千米,总人口10.21万人。辖2个镇、4个乡(其中1个民族乡):河口镇、南溪镇、老范寨乡、桥头苗族壮族乡、瑶山乡、莲花滩乡。共有3个居委会、27个行政村。县政府驻河口镇。河口、坝洒、南溪、蚂蝗堡4个橡胶农场在境内。

2010年第六次人口普查,河口瑶族自治县常住总人口104609人,其中:河口镇37074人,南溪镇21217人,老范寨乡4806人,桥头苗族壮族乡16616人,瑶山乡13231人,莲花滩乡11665人。

2014年,南溪镇被列为全国重点镇。

(十二)金平苗族瑶族傣族自治县

西汉属牂牁郡西随县地,东汉属益州牂牁郡西随县地。三国蜀汉属益州兴古郡西随县地。两晋及南北朝属宁州兴古郡西随县地。隋属南宁州都督府黎州地。唐南诏国时属通海都督府辖地。宋大理国时属秀山郡大甸地。元属临安广西元江宣慰司和泥路大甸地。

明清属临安府建水州(县)江外十五勐十八土司地之一。改土归流以前,为建水勐拉刀土司、者米王土司、茨通坝李土司及勐丁张土司地。清雍正八年(1730年)七月,临安府属迤东道。乾隆三十一年(1766年)十月,临安府属迤南道。光绪十三年(1887年)十月,临安府属临安开广道。

1917年改土归流,设金河行政区,辖刀、王、李三土司地;设勐丁行政区,辖勐丁张土司地,属蒙自道。1929年废道,金河行政区及勐丁行政区直属于省。1932年改为金河设治局及平河设治局。1934年9月1日(1936年7月批准),将两设治局合并设立金平县,各取首字故名金平,县治设于金河。1942年属第三行政督察区(驻建水

二、历史悠久的红河

县)。1948年属第五行政督察区(驻建水县)。

1950年属蒙自专区。1954年1月属红河哈尼族自治区。

1985年6月11日,国务院批复同意撤销金平县,成立金平苗族瑶族傣族自治县;12月7日自治县正式成立。

1996年,金平苗瑶傣族自治县面积3685平方千米。人口约30.4万人,其中苗族占总人口的25.7%,瑶族占12.5%,傣族占5.4%。辖2个镇、12个乡:金河镇、金水河镇、老勐乡、铜厂乡、者米拉祜族乡、老集寨乡、营盘乡、马鞍底乡、勐桥乡、大寨乡、沙衣坡乡、阿得博乡、十里村乡、勐拉乡。县政府驻金河镇。

2000年第五次人口普查,金平苗族瑶族傣族自治县常住总人口316171人,其中:金河镇49498人,金水河镇19109人,十里村乡15991人,铜厂乡31720人,勐拉乡29036人,老集寨乡24590人,者米拉祜族乡18797人,阿得博乡13634人,沙依坡乡19215人,大寨乡15190人,马鞍底乡17185人,勐桥乡19184人,营盘乡28007人,老勐乡15015人。

2001年,全县辖2个镇、11个乡、1个民族乡:金河镇、金水河镇、十里村乡、勐拉乡、铜厂乡、营盘乡、老勐乡、老集寨乡、阿得博乡、大寨乡、勐桥乡、马鞍底乡、沙衣坡乡、者米拉祜族乡。

2003年,全县辖2个镇、11个乡、1个民族乡。总人口31.6万,其中农村人口占94%;少数民族占86%。

2005年10月13日,省政府批准同意撤销金河镇和十里村乡,设立新的金河镇,镇政府驻原金河镇政府驻地。

2006年,金平苗瑶傣族自治县总面积3677平方千米,总人口32.94万人。辖2个镇、11个乡(其中1个民族乡):金河镇、金水河镇、铜厂乡、勐拉乡、老集寨乡、者米拉祜族乡、阿得博乡、沙依坡乡、大寨乡、马鞍底乡、勐桥乡、营盘乡、老勐乡;金平农场。共有4个居委会、92个行政村。

2010年第六次人口普查,金平苗族瑶族傣族自治县常住总人口356227人,其中:金河镇79658人,金水河镇22295人,铜厂乡30920人,勐拉乡33953人,老集寨乡25510人,者米拉祜族乡22481人，阿得博乡15174人，沙依坡乡20082人，大寨乡16562人，马鞍底乡18446人，勐桥乡24750人，营盘乡30034人，老勐乡16362人。

（十三）屏边苗族自治县

1913年设靖边行政委员会。1933年设屏边县。1963年改屏边苗族自治县。

2000年，屏边苗族自治县辖1个镇、7个乡：玉屏镇、滴水层乡、新现乡、和平乡、白河乡、白云乡、新华乡、湾塘乡。根据第五次人口普查数据：全县总人口149088人。

2001年，全县辖1个镇、7个乡：玉屏镇、滴水层乡、新现乡、和平乡、白河乡、白云乡、新华乡、湾塘乡。

2003年3月28日，撤销屏边县玉屏镇、滴水层乡，设立玉屏镇。2005年，湾塘乡政府驻地从水果队迁移至沙坝。

2013年，屏边县辖玉屏1个镇，新现、新华、和平、白云、湾塘、白河6个乡，76个村民委员会，4个社区居民委员会，694个自然村。

三、影响深远的红河

（一）公元前111年，汉武帝元鼎六年，设牂牁郡

汉武帝元鼎六年（前111年）设牂牁郡。牂牁郡指今贵州省大部及广西、云南部分地区，郡治苴兰（约在今贵州福泉市）是红河纳入中华版图的最早记载。

公元前135年，汉武帝派唐蒙出使夜郎，经过谈判，夜郎侯同意在其属地设郡县。公元前126年设置了夜郎县、苴兰县。公元前111年，置牂牁郡。

（二）设立临安府

明洪武十五年（1382年）三月，云南省废路设府，合并临安路、和泥路设临安府（治所驻今建水县），辖建水州、石平州（原石坪州，同年改为石屏州）、阿迷州（治今开远市）、宁州（今

三、影响深远的红河

华宁县)、宁远州(宣德元年即1426年被交趾侵占)、通海县、河西县(今通海县一部分)、蒙自县、嶍峨县(今峨山县)和纳楼(今建水县以南、元阳县内)、瓦渣(今红河县内)、安南(今属越南)、教化(今文山州境内)、王弄山(今蒙自市老寨至屏边、文山一带)、左能长官司(今红河县内)及新现、维摩(今文山州砚山县)、布旧、八寨等土舍。

明洪武二十二年(1389年),始建建水临安府衙,位于今建水县城建中路,清康熙二十七年(1688年)重建,占地面积近5400平方米,现仅存大门和过厅。

清宣统二年(1910年),临安府辖石屏州、阿迷州(今开远市)、宁州(今华宁县)3州和建水、蒙自、通海、嶍峨、河西(今玉溪市通海县一部分)5县及个旧厅,共设57个区。同年,云南省人口调查结果,临安府建水县有4513户,18016人,其中男9094人、女89222人;石屏州有23231户,11560人,其中男62001人、女53600人;阿迷州13180户,54602人,其中男29225人、女25377人;

宁州（今华宁县）15286户，64091人，其中男31065人、女33026人；通海县10124户，42250人，其中男22300人、女19950人；河西县（今通海县一部分）9057户，37225人，其中男19694人、女17531人；嶍峨县（今峨山县）11600户，55070人，其中男28949人、女26121人；蒙自县18318户，73621人，其中男37696人、女35925人；个旧厅2680户，9388人，其中男6252人、女3136人；广西州（治所驻今泸西县）直辖地16716户，92904人，其中男53331人、女39573人；弥勒县16059户，79721人，其中男40399人、女39322人。临安府（治所驻今建水县）和广西直隶州（治所驻今泸西县）辖地合计181382户，804310人，其中男421853人、女382457人。

1912年，云南省废府、厅、州，改县设道。废临安府，改设蒙自道（治所驻今蒙自市）。临安府从设立到废除，共存530年。

（三）设立云南省第一个海关——蒙自海关

蒙自海关，专为蒙自外贸口岸而设。它是云南的第一个海关，也是今天昆明海关的前身。

三、影响深远的红河

1883年12月,中法战争结束。清政府在1885年6月同法国签订了丧权辱国的《中法会订越南条约》,其中规定:"在中越边界保胜以上或谅山以北指定两处为通商口岸,允许法国人在此居住并设领事。"1887年6月,清政府又被迫与法国签订了《中法续议商务专条》,其中规定:"中国允许开放广西龙州、云南蒙自和蛮耗为中越边界上的通商口岸。"从此,蒙自、蛮耗成为了云南最早开设的商埠。

蒙自、蛮耗成为商埠之后,清政府任命的海关总税务司英国人赫德立即着手开办海关。清光绪十三(1887年)年4月3日赫德任命美国人哈巴安为蒙自海关首任税务司,并与其下属于1889

蒙自海关旧址

年7月15日抵达蒙自。光绪十五年七月二十八日（1889年8月24日），经云南巡抚兼云贵总督谭钧培、蒙自道台兼海关监督汤铭会同法国领事、蒙自海关税务司商议，在蒙自县城东门外设立正关，蛮耗设分关，县城西门外及河口、新街3处设分卡，并将蒙自东南的马白（今文山州马关县）划归蒙自管辖。正关有办公室、稽查处2个办事机构，海关税务司均由欧美籍外国人担任，掌握正关及分关进出口货物的关税征免、收支、拨解税款大权。1897年7月1日将河口分卡升为河口分关，降蛮耗、马白2分关为分卡，又在马白查卡之下设立天生桥、牛羊街二分卡。

清光绪二十六年（1900年），义和团运动爆发。同年6月9日，云南掀起反帝浪潮，蒙自海关受波及，于1900年7月至1901年底期间迁往河口办公。1909年4月15日，滇越铁路通车至蒙自碧色寨，蒙自海关于4月5日在碧色寨设立分关。宣统二年二月二十二日（1910年4月1日）滇越铁路河口至昆明全线通车，4月2日蒙自海关在昆明设立云南府分关。碧色寨、云南府两个分关均归蒙自海关管辖。

三、影响深远的红河

民国二年(1913年),蒙自海关监督署成立,各分关、查卡均由监督署委派分关长负责监督,业务则由税务司派帮办、税务员经办。1932年1月1日,昆明(云南府)分关改为正关,蒙自正关改为分关。但由于条约限制,不便更名,对外蒙自分关仍称蒙自海关,昆明正关(总关)却称"蒙自关驻省办事处"。

1940年,日本军队占领越南,滇越铁路中断,对外贸易也随之中断,蒙自海关停收关税,改征战时消费税。1942年2月4日,蒙自海关驻省办事处改称昆明关(由蒙自海关与腾越海关合并成立昆明海关),蒙自分关及河口、碧色寨、蛮耗等地的分支机构都归其管辖。1945年2月4日,蒙自分关改为支关,撤销河口、碧色寨、蛮耗等地分支机构。1950年4月25日,蒙自解放后由中国人民解放军军代表接管蒙自支关。同年12月6日改称昆明关驻蒙自办事处。1954年6月4日撤销蒙自支关办事处,从而结束了蒙自海关的历史。

(四)红河航运

红河,发源于我国云南省西部大理巍山县,从滇西的崇山峻岭中急流南下,呈西北至东南流向。红河全长1280千米，蛮耗至河口有97千米，境内61.5千米是中越两国界河。红河因河口流经热带红土地，水中混杂有红土，略呈红色，故名红河。红河上游群山起伏，河谷狭窄，多急流险滩，不宜行船；下游水势平缓，河面宽阔，可四季通航。据《开化府志》记载，在清代以前红河的水流量比现在大得多，水面宽阔而且水深。红河在中国境内红河上游称元江，中游称红河，下游流经越南首都河内，分支注入北部湾，是当时云南唯一可以对外通航的水路。据北魏郦道元《水经注》载，东汉建武年间，红河水路即成为从越南北部到桑王国（即今河口、屏边、马关一带）、贲古（即今蒙自、个旧一带）、益州（以滇池为中心的滇池一带）最便捷的通道。

红河航运开通迄今已有1267年悠久历史，是中越古道的要津和到越南老街、海防的必经之路。蛮耗是红河航道的起始码头，在滇越铁路开通前，是云南与外界最重要的通商口岸，而河口是红河航道通往东南亚各国的第一道关口。

蛮耗码头是中越古道旱路与水路的交汇点，在滇越铁路开通前，凡云南运往越南或国外的货

三、影响深远的红河

物,均要通过马帮运到这里,再通过红河水道的商船经河口运到河内及海防。

云南是一个物产丰富的地方,待开发的资源使西方列强觊觎已久。法国在1862年侵占越南南部之后,就以探险为由,派出数批探险队先后探测澜沧江—湄公河下游和红河上游地区,勘探找寻进入云南的便捷通道。1866年6月5日,法国湄公河调查探险队,由海军军官弗朗西斯·加尼尔指挥到达了云南大理府,获得了连接云南与东京(今越南河内)的红河水路资料。1868年5月,加尼尔从云南回越南途中遇见法国商人堵布益。加尼尔的发现引起了堵布益对取道红河开辟进入云南商路可能性的兴趣。1871年2月,堵布益离开云南南行至红河边的蛮耗,顺红河前往河内。他发现红河是从越南进入中国西南的捷径,便建议法国政府夺取北越各省,打通进入中国西南地区的红河航道。

1872年10月,堵布益率领一支侵略军强行占领越南河北,挑起了一场对越南北部的侵略战争。同治十二年(1873年),法国迫使越南阮氏王朝缔结《法越和亲条约》,取得了对越南北部的保护及沿中国云南红河至蒙自的河道通航权。1873年，堵布益将一船军需品卖给云南当局，然后从云南购买了一船锡和铜运往河内出售。1883年法国迫使越南阮氏王朝签订了《顺化条约》，越南正式沦为法国殖民地，法国人取得了溯红河进入云南的"跳板"。1884年《中法会议简明条款》规定"中越边界开放通商"。从此，河口至蛮耗的红河水道繁忙一片，"大船三百，小船千艘，来往如蚁"，红河航运盛极一时。据史料记载，1906年，行驶在界河上的船只达14704艘，运载货量4697吨；1907年，红河上的船只多达18431艘，运载货量57369吨。红河航运一时间成为当时云南货运量最大的航道之一。1910年3月，滇越铁路通车之后，出入境物资大多由火车运输，热闹一时的红河航运才归于冷寂。1941年，日本帝国主义占领越南后，又把矛头指向了云南，日军对滇越铁路及红河航道所有的港口、码头进行了毁灭性的狂轰滥炸。至此，红河航运彻底断航，昔日的口岸上"大船三百，小船千艘，来往如蚁"的场面一去不复返。中越古道上的马帮。他们把货物运送到陆路的终点蛮耗，然后通过水路出境。

三、影响深远的红河

在数千年的历史长河中,云南的这条水陆交通运输线曾经起了不可替代的作用。解放后,红河航运主要为境内航运。河口县粮食局、商业局为解决红河沿岸坝洒、南屏、五道河、达沟河、新街、蛮耗等地群众的粮食、农副产品、农资供应,专置船队运输。1964年,国家沿红河东岸修筑鸡河公路,红河航运运量增加,有18艘木帆船穿梭在河口至蛮耗、新街之间。1966年12月,鸡河公路竣工通车,红河商业航运遂告停止。

如今,中越双方已经达成共识,正在积极磋商"开发红河航运,促进中越经贸合作"。

红河流经云南10多个县市,从河口出境后,经越南河内、南定、大平等地,汇入北部湾,全长1200千米,河内与海防,有运河相连,可以开展航运。河口至越南海防港486千米。借道红河,经越南海防港出海,比经南昆铁路由广西防城港转口缩短运距700多千米,比经贵昆线由广东湛江港转口缩短运距1300多千米。

红河中越界河段50千米可以开展50吨以下船舶运输。目前,主要用于旅游,越方有少量50吨的船舶在其境内一侧运输。出境后,从河口至海防港，航程486千米，是距云南最近的海港，航运自然条件好，通过能力大，如中越红河水运通道项目建成后，云南将有一条便捷的水陆联运出海通道。同时，这还将解决中越间的交通运输瓶颈，促进中越经贸合作，有助于越南经济的发展。

红河航运复航工作将按先通后畅、由近及远、从小到大、以贸促运、以运带建、内外结合的原则进行，最终实现借道红河航运，利用海防海运，开辟云南又一出口通道，同时加强中越两国的友好往来、互通有无、相互促进、共同发展。近期将进行积极磋商，首先商签试运输协议，开展河口—安沛客货试运输，开展陆水环线旅游，之后，再延伸到河口至海防过境货物联运及河口至越池、河内等地的中越贸易、旅游客货运输。

（五）红河马帮

自古以来，红河州境内各族人民就利用牛马驮运各种物资。清代，始有以经营为目的的畜力运输，马帮专事长途营运，资本多的驮马户往往单独经营马帮，小户主则三五家合伙，并马合营。

三、影响深远的红河

马帮长途驮运时,驮马少到数十匹,多到数百匹,结队而行,前面有铜锣开道,头骡二马鞍插彩旗,头扎红缨,胸系响铃,其余驮马顺序前进,音响声闻数里,颇为壮观。驮马5匹为一把,由1人招呼;8把为1小帮,3小帮为1大帮。头骡训练有素,颇通人性,雄壮彪悍,以备与其他马帮错帮时闯驮获胜,因而很得主人珍爱。马帮运输主要集中在蒙自县城至蛮耗码头的驿道上。个旧矿区生产的金属锡,其他县生产的土特产品,均由马帮从四面八方运抵蒙自,在蒙自海关办毕出口手续后,再由马帮将出口商品运到蛮耗,转水运出口。回程时,马帮又将蛮耗码头的进口商品运抵蒙自,再由蒙自运到全省各地。据蒙自海关统计,光绪三十至三十四年间,运输蒙自关进出口货物的马匹每年达万匹次以上,最多的为光绪三十二年(1906年),达到29.53万次,以每匹次驮60千克计算,运量近1.8万吨。滇越铁路通车后,马帮因业务减少而移至八莫、腾跃海关继续经营,境内则逐渐减少。

20世纪30年代,马帮运输再度兴起,主要集中在红河南岸的迤萨。迤萨地处山梁,地瘦人贫，迫于生计，迤萨人便组织"烟帮武装"到墨江、勐主、澜沧、景谷、双江、耿马等地购买大烟，由"烟帮武装"押运回迤萨卖到个旧、蒙自、建水等县。1948年，由于时局的变化以及禁烟等原因，"烟帮武装"自行解散。

迤萨马帮由来已久，历经百年经久不衰，在红河州交通运输史上留下浓墨重彩的一笔。清咸丰三年（1853年），部分迤萨商人和失业矿工迫于生计，互约合股赶着过去驮矿专用的骡马到勐野井（今普洱地区江城一带，与越南、老挝接壤）开采盐矿。将土制食盐用马帮运到中（国）越（南）、中（国）老（挝）等邻国边境以物易物，换回当地土特产到石屏、建水、蒙自一带销售。此举虽然对迤萨经济有所促进，但勐野井地处瘴疾之地，人、马病死较多，为了生存，迤萨人义无反顾，勇往直前。到清光绪十七年（1891年），迤萨商人杨洁、杨秉、姚开、孙重、周绍等人合资开设商号，把土杂百货驮运到缅甸、老挝、越南边界销售，购回当地的象牙、鹿茸、虎骨、熊胆等贵重药材和鸦片回国出售，开创了迤萨人赶着骡马出国经商的历史。随着国外商路的不断开

三、影响深远的红河

通，迤萨人在国外旅居做生意的人日益增多。到民国初期，迤萨人在国外定居经商的主要国家是：老挝的琅勃拉帮；越南的莱州、河内；缅甸的马坑山、景栋、仰光；泰国的曼谷、清迈等。民国二十年（1931年）后，侨居老挝桑怒的迤萨人有百余户，开店、摆摊者甚多，形成一条迤萨街，生意兴隆。在长达100多年的时间里，迤萨人一代又一代赶着骡马，不畏艰险，用鲜血和生命开辟了一条条通往东南亚国家的商路。迤萨人把这条商路称为"走烟帮""下坝子"。

在旧时交通发展落后的时期，马帮为商品流通、文化交流做出了贡献，并带动了经济发展，也涤荡出了齐心协力闯边关、披荆斩棘铸辉煌的"马帮精神"。

（六）中国第一个民营铁路——个碧石铁路通车

个（个旧）碧（碧色寨）石（石屏）铁路，亦称个（个旧）碧（碧色寨）临（临安，建水）屏（石屏）铁路，是中国唯一的一条用于营运的寸轨铁路。两轨之间的距离为600毫米。19世纪至20世纪初，英、美、法等西方国家船舶工业、机械制造工业迅速发展，对锡的需求量猛增。而个旧锡在质量上较之巴西、玻利维亚与马来西亚等国家生产的锡质量上乘，号称"质量世界第一，数量世界第二"而成为国际市场的"抢手货"。"锡都"美誉不胫而走。

1885年6月，法国通过中法战争用武力打开了中国西南的门户，接着又争夺云南的铁路修筑权，要求"中国国家允许法国国家或法国公司，自越南边界至云南省城修筑铁路一道"。清廷答复。"可允照办。"这样法国便取得了滇越铁路的修筑权。1904年，云南境内开始兴建，1910年1月正式通车。滇越铁路通车后，刺激了云南的民族工业，使得矿山人员增加，采场面积扩大，炼炉蜂起。锡出口量猛增，其出口量之大几乎与生产量相等。周边蒙自、建水、石屏等地的人员、物资向个旧急遽流动。但当时个旧大锡的出口，原从蛮耗口岸经红河南下至越南海防转香港地区销往国外。滇越铁路修通后，从碧色寨一天即可达河口的铁路运输取代了从蛮耗七八天才到河口的缓慢运输。于是，蛮耗水运逐渐中止，锡外运改由必须经蒙自关与碧色寨车站。加之各种矿用

三、影响深远的红河

物资、生活物资全靠马帮从邻县运到个旧,这就形成了个旧交通滞后与蓬勃发展的大锡生产之间的严重矛盾。以1910年滇越铁路通车为契机,促使个旧工商业者将修筑个碧石铁路的事宜提到桌面上来。1910年底,刘新元、郭步程、黄士运等48名个旧矿商联名上书云贵总督,首倡修筑个碧石铁路未果。

1911年,孙中山先生领导辛亥革命运动,推翻了清王朝统治。受其影响,民族独立自主的思想使个旧工商业者更坚定了个碧石铁路商办的信心。再加上中法《滇越铁路章程》条文,滇越铁路云南段建成后,法国还将展筑铁路支线的因素。为了国家资源不再被外国人染指,1912年3月,个旧地区工商业主李光翰、朱朝瑾等人三度联名上书云南都督蔡锷,要求民间集资,并确定抽收锡炭股款及添收砂股,以作修路资金的方针,修建个旧至蒙自、建水、石屏的铁路。蔡及表赞同批复:"据呈以悉,临蒙个屏等铁路关系本极重大,该绅商等倡议筹款修筑,足见关心桑梓,注意交通深切,嘉尚所诘,继续抽收锡炭股并添收砂股,以供路需,各节均准照办,在路车未成以前,不准轻易停止,仰及遵照。"

由于个碧石铁路定为工商集资修筑的民营铁路,当时轰动一时,社会舆论极大,省政府对此做了充分肯定,并愿"出资补助,以示提倡之意"。

1913年,由滇署铁路公司与个旧股东组成官商联合,在蒙自成立了"个碧石铁路股份有限公司"。由滇蜀铁路公司出股100万两,入不敷出时,再由滇蜀铁路股项下,拨借50万两。总部设在个旧。

(七)修筑滇越铁路

滇越铁路是云南省的第一条铁路,也是中国为数不多的"米轨"铁路之一。

1840年鸦片战争后,法国进入中国。清光绪

滇越铁路修建场景

三、影响深远的红河

十一年(1885年),法国通过中法战争,与清政府缔结《中法会订越南条约》,取得在中国西南诸省通商和修筑铁路权。1899年9月,以法国东方汇理银行为首的几家机构成立了滇越铁路公司,承包了滇越铁路的集资修改业务。铁路由越南海防港至云南昆明,全长854千米,轨距为1米。其中,海防至老街一段在越南境内,称为越段,长389千米;1901年动工,1903年竣工通车。由越南老街跨越红河进入河口,经碧色寨到昆明,称为滇段,长465千米;1903年动工,1910年竣工。滇段工程远比越段艰巨,有桥梁425座,隧道155座。1910年4月1日全线通车。

(八)杨自元火烧"洋关"

在蒙自县城原大法领事府蒙自正关。中法战争后,清政府与法帝国主义相继签订屈辱的《天津条约》《中法续订界务商务条约》等条约,法国取得开设"蒙自正关"特权。1898年12月25日法国议会通过了修建滇越铁路的法令。清光绪二十五年(1899年),法派工程师吉理然率人勘测滇越铁路路线。强占民居,强拆民房,引起民众公愤。1899年6月20日,蒙自大屯人杨自元(彝族）很快与志同道合的沈恩彩，李弯三等组织数千民众，手执长矛，大刀，于5月14日晨，直逼蒙自洋关。法领事宋嘉铭等负隅顽抗，杨自元率众火烧洋关。4年后杨自元被清政府镇压，然而杨自元火烧洋关

原法领事府蒙自正关

的事迹一直在民间流传。此后，是从昆明经玉溪、通海、建水、蒙自、屏边到河口的西线，还是改为昆明经宜良、盘溪、开远、芷村到河口的荒无人烟的东线。最终没有定论。尽管遭到云南人民的强烈反对，中法两国还是在1903年10月29日正式签订了《滇越铁路章程》。

（九）个旧锡务股份有限公司成立

清光绪三十一年（1905年），为抵制英、法隆兴公司对个旧矿产的掠夺，个旧厅的厅丞雷元澍、士绅李文山筹集资本，筹办个旧厂官商公司。8月，经云贵总督丁振铎、矿务督办唐炯奏准，

三、影响深远的红河

设立个旧厂锡务股份有限公司,因属官商合办性质,故习惯上称个旧厂官商有限公司,是云南最早的官商合办的近代工业企业。在公司资本中,官股有30万银元,以后又从各局陆续添加官股。到清光绪三十四年(1908年),公司全部资本67万银元,其中官股占67.3%。

清宣统元年(1909年),云贵总督改组个旧厂官商有限公司,由官股添足100万银元,又由绅商集股77万银元,设立个旧锡务股份有限公司(简称个旧锡务公司),云南布政使沈秉坤委任王燮生为总理。是时,各股东会商后,由云南省派王燮生、杨廷柱等往南洋(今东南亚一带)考察锡业生产情况,返回时聘英国冶炼工程师可奈克、英国机械工程师华特、德国工程师裴劳禄到个旧锡务公司工作。个旧锡务公司投资108万马克(50万银元),向德商礼和洋行订购冶炼、洗砂、索道、电器等各种机械设备,并购买马拉格2466亩土地作矿区,开办开远鸟格煤田,架设蓝蛇洞至个旧洗沙厂索道,建设马拉格矿、洗砂厂、制炼厂、动力厂,全部工程于1913年春相继竣工并投入使用,揭开云南冶金工业机械化生产的序幕。

1910年个旧锡产量达6347吨,外贸出口6195吨。

1931年12月8日,个旧锡务公司董事会决定另组炼锡公司,由个旧锡务公司认股银元20万元,将制炼厂划归炼锡公司。经云南省政府主席龙云批准,正式成立云南炼锡公司,直属云南经济委员会。1933年,炼锡公司改良炼锡成功,产品有99.75%上锡、99.5%纯锡和99%普通锡三种,取得伦敦、纽约五金交易所化验证书,可直接行销欧美市场,与英国锡享有同等价格。1934年,炼锡公司建成炼锡炉2座、净矿炉2座、净矿塘21个,1935年又建成炼锡炉2座、净锡炉1座、净矿塘20个、动力厂2个。

1940年2月,国民政府资源委员会副主任委员钱昌照与陈大授到个旧考察。返昆后,与缪云台协商,将云南锡矿工程处、云南炼锡公司、个旧锡务公司合并,由资源委员会、云南省政府及中国银行共同投资经营。5月4日,国民政府资源委员会主任翁文灏与云南省政府主席龙云签订组织云南锡业股份有限公司的合约。8月29日,云南锡业股份有限公司举行股东创立会,公推龙云为董事长,缪云台为总经理,决定9月1日为

三、影响深远的红河

成立日,总部设于昆明,下设厂矿管理处于个旧。公司全部股本国币5000万元,云南省政府及商股占40%(以个旧锡务公司、云南炼锡公司全部资本作股2000万元),资源委员会占30%,中国银行占30%。全公司有职工3700余人。10月28日,云南锡业股份有限公司(以下简称云锡公司)协理兼总工程师陈大授到个旧接收个旧锡务公司及云南炼锡公司、云南锡矿工程处。11月16日,接收云南锡矿工程处,更名为老厂锡矿。11月21日,马拉格锡矿更名为新厂锡矿,洗砂厂更名为个旧选矿厂。1941年3月1日,云南炼锡公司更名个旧炼锡厂。

从1909年至1939年,个旧锡业出现鼎盛时期,平均年产量为7840吨,其中有5年突破1万吨,31年间共出口238221吨,占全国同期出口量的89.2%,锡产量也占全国的90%。这期间,个旧锡的出口值占云南省外贸总值的70%以上,个旧锡业的税收占云南全部税收的20%—25%。抗战期间(1937年7月—1945年8月),个旧锡业生产遭受严重破坏。1940年日军飞机轰炸个旧,1941年日军占领越南、缅甸,切断云南与国外的交通线，阻断锡出口贸易的海陆通道，加之国民政府对个旧大锡实行战时统制政策，导致锡产量逐年下降，大批私营尖子炉号停业倒闭。1940年锡产量为9094吨，1941年减为5094吨，1942年4641吨，1943年3096吨，1944年1613吨，1945年1600吨。

1947年，云锡公司固定资产为国币310亿元，再增收国币180亿元现金入股，资本总额为国币500亿元（折合1937年7月国币121万元）。1950年3月16日，昆明军事管制委员会派军事代表接管云南锡业股份有限公司，并将云南锡业股份有限公司收归国有，改名云南锡业公司（简称云锡公司）。1949年，公司有职工4616人，产矿石6.8万吨，产锡610吨。

2001年5月31日，云南省人民政府批复同意由云南锡业公司、中国华融资产管理公司和中国信达资产管理公司共同出资设立云南锡业集团有限责任公司。2002年2月1日，云南锡业集团有限责任公司首次股东会、董事会、监事会在昆明召开。会议同意云南锡业集团有限责任公司股本结构为云锡公司占股本总额的60.55%，中国华

三、影响深远的红河

融资产管理公司占股本总额的25.43%，中国信达资产管理公司占股本总额的14.02%。

2006年6月16日，云南省国资委作出《关于云南锡业公司改制为云南锡业集团（控股）有限责任公司的批复》，同意云南锡业公司整体改制为"云南锡业集团（控股）有限责任公司"，以云南锡业公司2005年末实收资本138102万元作为国有独资的注册资本。同时，经云南省人民政府同意，云南锡业集团（控股）有限责任公司与云南锡业集团有限责任公司实行"一套班子，两块牌子"运行。云南锡业集团有限责任公司为云南锡业集团（控股）有限责任公司的子公司（仍简称云锡集团公司）。

2007年5月8日，云锡集团公司控股的澳大利亚YTC资源公司在澳大利亚证券交易所挂牌上市。至此，云锡集团公司拥有云南锡业股份有限公司、贵研铂业股份有限公司、澳大利亚YTC资源公司3个上市公司。

2007年8月，在中国企业联合会、中国企业家协会联合举办的2007中国企业500强评选中，云锡集团（控股）公司荣列中国企业500强第

405位,这是云南锡业第一次进入中国企业500强。

(十)河口起义

戊申河口之役(1908年4月),也称河口起义。孙中山欲筹划在河口起义,以此为依托,以图云南。1908年(光绪三十四年三月),派黄明堂、王和顺等起义军100余人,开赴云南边境,汇合当地会党、游勇,在孟坝寨设立前敌指挥部,伺机起义。革命军经过激战,夺取河口炮台,黄明堂以中华国民军南军都督名义,布告安民,严申军纪。

革命军数日内增加至1000余人,声势大振,遂分兵出击。至5月3日(四月初四),连克南溪、新街、坝洒,直逼蛮耗、蒙自,队伍扩充到3000余人。5月5日(四月初六),孙中山委任黄兴为云南民军总司令,节制各军,立即赴前线督师。黄兴赶到河口,投诚清军拒不听从调遣,黄明堂、王和顺亦不服其指挥,黄兴遂于5月10日(四月十一日)折回河内,拟另组敢死军投入战斗。5月12日(四月十三日),黄兴在越南老街遭法警截留,旋被驱逐出境。越南法国殖民当局又应清政府要求,封锁中越边境,阻禁革命党及粮械进

三、影响深远的红河

入云南,并迫害、驱逐大批旅越革命党人,使河口革命军陷入孤立无援困境。

云贵总督锡良在起义爆发后,一面调兵镇压,一面向清政府告急。清政府即派刘春霖帮办云南边防事务,令广西提督龙济光率防营增援,又命两江总督端方、湖广总督陈夔龙接济饷械,四川、贵州地方亦派军往援。革命军与清军在老范寨、泥巴黑、羊子街等地相持20余日,最后被清军击败。5月26日(四月二十七日),清军占领河口。黄明堂率600余人撤至越南境内,嗣被法国殖民当局勒逼缴械,强行遣散。河口起义虽然失败了,但其影响却是深远的,为辛亥云南起义奠定了良好的群众基础。

(十一)红河州修建飞机场

1921年,云南省长、靖国军总司令唐继尧下令,在蒙自县东村修筑简易机场。1922年,云南省长唐继尧从法国购入2架双翼飞机,分别取名"天马"和"银河",飞行于昆明与蒙自之间,此为今红河州辖区范围内航空运输之始。

1925年7月,蒙自航空站建立,唐继尧任命柳希权为站长,命令蒙自县知事继续修筑和扩建蒙自机场。

1929年4月下旬,美国一航空公司开辟广州至昆明的航线,经营客货运输,蒙自机场为其间的一站。

1938年8月15日,蒋介石以国民党中央空军军官学校校长的名义致函国民党蒙自县政府,拟派员扩建蒙自机场,函请尽量协助。9月12日,龙云又按蒋介石的指令致函蒙自县政府扩建整修机场,函称:蒙自机场为训练空军的主要地点,抗战期间空训任务紧迫,机场急需使用,严令蒙自、开远、屏边、建水、个旧等县从速征调民工,投入施工。扩建整修蒙自机场共投工355686个,支付工资62881元(折合1937年7月国币62258元),开挖土方27.4万立方米。整修扩建后的机场长1200米,宽900米,改为军用机场,1939年1月3日交付使用。

1939年2月,国民政府中央空军军官学校中级班从广西桂林迁至蒙自,有军用单翼、双翼教练机20多架。

1942年冬,美国空军十四航空队一部和英国皇家空军1个中队进驻蒙自机场,阻击日本飞机。

三、影响深远的红河

1944年6月,国民党蒙自县政府再次扩建蒙自飞机场,征用土地976.25亩,征集民工千余人配属美军工兵施工,支付地价国币43931250元(折合1937年7月国币92719.12元),修成双跑道机场。

1947年,蒙自机场由云福运输公司经营,自蒙自运输金属锡及锡砂至香港。1948年,公司扩展业务,增设蒙自至昆明和蒙自至越南海防的客货运输。

1949年9月13日,中国民航局代表与驻越南法国代表商妥恢复中法双方特种班机航运,中国航机在河内有了降落权,可每日3班空运大锡和锡砂出口。1949年末,国民党军队占领蒙自机场,空运军需物资和军队,商运告停。

1950年1月15日22时许,解放军第十三军三十七师一一〇团在一〇九团的配合下,向蒙自机场发起进攻,于1月16日凌晨4时攻占蒙自机场。

红河地区修建的其他机场:

1938年1月12日,云南省空军总站动用50万个工,在泸西县城南郊文壁山后的水稻田里修建临时战备飞机场（民间称之为老飞机场）。

1939年2月，国民党云南第四空军总站责成泸西、师宗、罗平、路南、弥勒5县，征集民工在泸西城郊石洞村玉林坡修建战备机场（群众称为新飞机场），占地面积512亩，累计用工290990个，先期拨款国币5万元（折合1937年7月国币30120.5元）。同时，设立一个航空站负责机场管理。机场修好后停过2架飞机。

1940年，在开远城北石坊村修建简易军用飞机场，占地面积33亩，跑道长450米。

1945年6月，国民党蒙自县政府奉命在蒙自草坝镇大落就村一带新修飞机场，发放征用机场、公路用地以及青苗补偿费国币22686805元，折合1937年7月国币10210.08元。

1959年2月3日，在蒙自西南修建机场，1962年9月建成。

1985年，昆明民航局租用蒙自机场及"伊尔14型"客机，开辟昆明至蒙自航班，每周星期六由蒙自往返昆明1次，票价23元，飞行时间约40分钟。

2013年2月23日，红河蒙自机场建设进场仪

三、影响深远的红河

式在机场选址进行,标志着红河蒙自机场开工建设。

(十二)中共云南省第一次代表大会召开

地址位于蒙自县东27千米芷村镇查尼皮村。1928—1931年春,曾是全省早期革命据点之一。党的"八七会议"后,中共云南省委主要领导人王德三、吴澄、李鑫、吴少默、刘玉瑞等同志转移到蒙自工作,开辟了查尼皮等农村据点。在查尼皮、小东三等地发展党的组织,办了两期党员培训班,成立了以查尼皮为中心的10多个农民协会,建立了中共云南省委领导下的第一支游击队,召开了多次党的重要会议。1928年4月13日,云南省临时工作委员会在查尼皮召开中共云南省

位于蒙自芷村镇查尼皮村的中国共产党云南第一次代表大会会址

第一次代表大会，到会代表17人，通过决议案9件，选举省临时委员会领导。会址为游击队长佴三的胞弟杨自林家，后遭火毁，1991年修复。1993年公布为云南省文物保护单位。

（十三）西南联合大学蒙自分校成立

云南省红河州蒙自市是滇南文化名城。抗战时期，北京大学、清华大学、南开大学三校组成的西南联合大学内迁到昆明，1938年曾在蒙自设立西南联合大学蒙自分校，文学院和法商学院的师生曾在此办学。朱自清、闻一多、冯友兰等著名学者来到蒙自，在蒙自南湖边留下了不可磨灭的回忆。走入蒙自，仍能通过一批旧址和古老建筑追寻当年西南联大蒙自分校的历史记忆，包括

西南联大蒙自分校旧址

三、影响深远的红河

蒙自海关、哥胪士洋行、周家宅院、碧色寨火车站等。西南联合大学蒙自分校纪念馆于2011年在原西南联大蒙自分校旧址哥胪士洋行建成,纪念馆展示内容分为联大历史记、蒙自分校记、联大人才记、联大精神记4个部分共8个展厅,较为全面详细地介绍了西南联大蒙自分校的办学历程。

(十四)滇南战役

滇南战役是中国人民解放军在云南南部地区对国民党军队的一次大规模追歼战。滇南战役从1949年12月27日开始,至1950年2月19日结束,历时55天,大小战斗30多次,歼敌32000余人。滇南战役的胜利,为粉碎蒋介石把云南作为反共基地、"重整西南河山"的迷梦起了决定性的作用,也为云南全境的解放和野战军迅速推进至边防前哨、保卫边疆、巩固国防,奠定了坚实的基础。

滇南战役重要战斗:

夺取蒙自飞机场。1950年1月15日22时许,解放军第十三军三十七师一一〇团在一〇九团配合下,向国民党军队驻守的蒙自机场发起进攻,经6小时激烈战斗,于1月16日凌晨4时占领蒙自机场,击毁、缴获飞机各1架,歼灭国民党第二十六军九十三师、一九三师各一部,俘虏国民党军1500余人,缴获大批武器弹药和军用物资,切断国民党军队空中逃路。此前,蒙自飞机场已先后空运走国民党第五宪兵团、第二十六军1个团、军部直属队,并空运走第二十六军官兵的部分家属。

蛮耗渡口战斗。1950年1月12日,解放军第三十八军第一一四师三四一团冒雨由河口出发,昼夜兼程,沿红河谷向蛮耗前进,于1月15日深夜赶到蛮耗外围。1月16日凌晨,解放军第三四一团一营占领蛮耗渡口浮桥,全歼浮桥对岸的国民党军。同时,第一营向蛮耗街上的国民党军发起攻击。几十名国民党军残兵缩在蛮耗街一座小楼里,凭借高大院墙,集中火力抵抗,结果被解放军第三四一团一营包围,被迫投降。解放军第三四一团一营在蛮耗渡口战斗共歼灭驻守蛮耗的国民党军200余人。第三四一团二营在第一营占领蛮耗渡口浮桥后,旋即经浮桥跨过红河,奔袭驻守阿牛迷上下寨(今属金平县大寨乡大都马村委会)筹集粮草的国民党军,经数小时激战,全歼驻守阿牛迷上下寨的国民党军215人,缴获

三、影响深远的红河

轻、重机枪19挺、步枪一批、军械库1座、子弹25万发;解放军战士牺牲5人,安葬于阿牛迷上寨附近。

个旧市城区战斗。1950年1月17日凌晨,解放军第十三军三十七师一〇九团二营、三营和一一〇团一营、二营从蒙自奔抵个旧,围攻驻守个旧的国民党第二十六军九十三师二七七团、一六一师师部及四八三团主力。随着战斗的推进,国民党军大部分汇集到红炮台,凭借坚固工事,负隅顽抗。解放军向红炮台发起总攻,双方展开激战。中午12时战斗结束,解放军歼灭国民党军3000余人,其中俘虏1800余人,缴获大批武器弹药。21名解放军指战员牺牲。

蛮板渡口战斗。1950年1月18日拂晓,解放军第三十八军一五一师四五二团一营到达蛮板,与正在渡河南逃的国民党第二十六军展开2个多小时激战,歼灭国民党军2000余人,其余约1000余人分两路向南逃跑。解放军第四五二团当即分兵两路,尾随追击,又歼灭国民党军800余人,其余约300人逃入越南境内。蛮板战斗俘获国民党第二十六军少将高参刘世荣、第一九三师少将副师长邓绍华及少尉以上军官300余人,共歼敌近3000人。蛮板渡口战斗,切断了国民党军外逃的又一陆上通道。

元江阻击战。1950年1月23日,解放军第十三军三十七师、三十八师在边纵第十支队元江护乡第一团、警卫大队、整训队、石屏独立大队和朱家璧、杨守笃、余卫民率领的其他边纵部队配合下,在元江东部地区歼灭逃跑的国民党军队,将国民党军包围在红土坡、二塘山、甘庄坝一带。经过3昼夜激战,全歼国民党第八兵团部、第八军军部、第八军四十二师、第八军教导师一部和第八军三师九团,击毙国民党第四十二师师长石建中及以下1500多人,俘国民党陆军副总司令兼第八兵团司令汤尧、第八兵团副司令兼第八军军长曹天戈及以下将校官兵8000多人。

(十五)开远发现腊玛古猿化石

1956—1957年,在云南开远县小龙潭第三纪褐煤层里,与三棱齿象、利齿猪等化石伴生,两次共发现古猿牙齿化石10颗。前一次发现的5颗牙齿,是属于同一个下颌的左、右前臼齿和臼齿;后一次发现的是下颌右侧的前臼齿和臼齿。地层

三、影响深远的红河

年代测定为中新世晚期。

起初,这些古猿化石全部被划归为森林古猿类,定名为"森林古猿开远种"。20世纪60年代,学术界重新综合研究了50多种第三纪古猿,把腊玛古猿(腊玛古猿最早发现于巴基斯坦和印度交界的西瓦立克山区)从森林古猿中划分出来,明确地归入人的进化系统——人科,作为人科的早期成员。我国开远小龙潭1957年发现的古猿化石中的5颗牙齿化石,被认为是属于腊玛古猿,应归属为人科。

(十六)红河哈尼族彝族自治州人民政府成立

1949年12月,滇南人民行政公署在建水县

红河广场

成立，1950年2月，改称蒙自区行政督察专员公署，3月，将专员公署驻地由建水迁往蒙自，12月，蒙自区行政督察专员公署改称云南省人民政府蒙自区专员公署。1953年5月1日，红河哈尼族自治区在元阳新街成立。1957年11月18日，红河哈尼族自治区与蒙自专区合并成立红河哈尼族彝族自治州，简称红河州。因居住的主体民族是哈尼族和彝族，又因红河流经境内而得名。辖个旧市、开远2市和蒙自、建水、石屏、弥勒、泸西、屏边、河口、金平、元阳、红河、绿春11个县。1958年将省辖的个旧市划归自治州领导，自治州州府由蒙自迁至个旧。2003年1月29日，国务院批复红河州人民政府驻地由个旧迁移蒙自，11月18日，红河州举行了迁移庆典大会，标志着蒙自正式成为红河哈尼族彝族自治州的新州府。

（十七）红河州第一所综合性本科大学——红河学院成立

1958年8月，滇南工农大学在蒙自南湖畔创办并开始招生，设4个系，学制4年。1959年6月，云南省高等学校进行整顿、调整，除原有的5所大学外，在1958年"大跃进"中新办的21所大专院校，只保留滇西大学和滇南工农大学，其他一律停办。滇南工农大学保留农学系、机电系、化工系和矿冶系。1961年9月，昆明工学院化工系并入滇南工农大学，滇南工农大学改称滇南化工学院；原滇南工农大学矿冶系、机电系撤并入昆明工学院，农学系撤并入昆明农学院。1962年5月后，滇南化工学院设化工系、轻工系、数学系、物理系、化学系5个系。1963年末，滇南化工学院撤销，化工系、轻工系并入昆明工学院；数学、物理、化学系并入昆明师范学院。

1958年，红河师范专科学校在蒙自创办，学校设在滇南工农大学内，由滇南工农大学兼管，设数理专修科和文史专修科，学制两年，招收一

红河学院

年级新生82人。1959年,学校撤并入云南省中学教师进修学校。

1960年夏,红河州师范学院成立,教师由云南大学、昆明师范大学抽调,开办中文、数学、物理、化学4个系,学制4年。1961年,学校撤销,文科并入滇西工农大学,理科并入滇南工农大学。

1978年4月27日,蒙自师范专科学校成立,其主要任务是为红河州及附近地、州培养合格的初中教师,校址设于蒙自师范学校内,蒙自师范学校停办。1985年,蒙自师范专科学校迁往蒙自郊区小寨。1992年更名为蒙自师范高等专科学校。

2003年9月28日,经教育部批准,由蒙自师范高等专科学校和云南广播电视大学红河分校合并组建的红河学院挂牌成立,为红河州第一所综合性本科大学。

(十八)建水、通海大地震

1970年1月5日1时00分37秒,在玉溪地区通海县高大乡和红河州建水县曲江镇一带发生7.7级地震,受灾地区包括峨山、通海、建水、玉溪、石屏、华宁、江川等7个县,面积约8800平方千米。地震造成15621人丧生、26783人受

三、影响深远的红河

伤,压死大牲畜16638头。建水县在地震中死亡7479人,占地震死亡人数的48%;重伤2152人,占地震重伤人数38%;倒毁房屋6715间,占地震倒毁房屋的40%;压毙大牲畜5899头,占压毙大牲畜的35%。驻曲江某部队在地震中44人遇难。石屏县死亡127人,重伤52人,轻伤271人,倒毁房屋4030间,压毙大牲畜70头。灾情发生后,中共中央、国务院给灾区发来慰问电;红河州州、县及当地驻军出动万余人奔赴灾区救灾;北京、贵阳、昆明、云锡公司、红河州及各县市、各厂矿医院、解放军医院共出动47支医疗队、2152人,携带大批药品,深入灾区抢救伤员;国务院和云南省革命委员会拨出抗震救灾经费468万元,安排建水371万元,石屏97万元,帮助灾民重建家园,恢复和发展生产。

(十九)建设红河卷烟厂

1972年,红河卷烟厂在个旧市鸡街开工建设,1975年建成投产,生产红河、锡城、青竹等牌号卷烟。1978年8月,国家整顿计划外卷烟厂,红河卷烟厂关停,机器处理给玉溪卷烟厂。

1985年2月,中共红河州委决定恢复重建红河卷烟厂。1985年5月1日,红河卷烟厂在弥勒县城西郊开工建设。

1987年5月1日至3日,红河卷烟厂首次投料联动试车试产成功。1987年,生产"试制一号""试制二号"3295箱和少量的"小熊猫""精英"卷烟,为边防部队订做部分"光荣""凯旋"等卷烟产品。

1988年2月6日,中国烟草总公司云南公司、昆明市人民政府、红河州人民政府共同签订《关于关闭昆明雪茄烟厂开放红河卷烟厂的协议》。2月6日,云南省人民政府向中国烟草总公司上报《请求审批〈关于关闭昆明雪茄烟厂开放红河

红河卷烟厂车间

三、影响深远的红河

卷烟厂的协议〉的报告》。7月19日,国家烟草专卖局批复同意关闭昆明雪茄烟厂,将红河卷烟厂纳入国家计划。11月16日,国家烟草专卖局向红河卷烟厂颁发烟草专卖许可证。11月28日,举行红河卷烟厂挂牌仪式。

2004年1月至11月,红河卷烟厂"红河"品牌产销量突破100万箱,成为2004年全国单品牌规模年产首度突破百万箱的三大品牌之一。红河卷烟厂2004年实现销售收入86.67亿元,创税利50.1亿元。

2004年8月2日,红河卷烟厂和昭通卷烟厂签署合并重组协议书。8月27日,经国家烟草专卖局批复,两厂合并重组为红河卷烟总厂。2005年2月28日,在昭通卷烟厂举行红河卷烟总厂成立仪式。新组建的红河卷烟总厂卷烟年产量126万箱、资产总额103亿元。

2005年12月22日,国家烟草专卖局批复同意新疆卷烟厂划归红河卷烟总厂。2006年7月28日,红河卷烟总厂新疆卷烟厂揭牌仪式在新疆维吾尔自治区奎屯市举行。

2007年5月18日,经国家烟草专卖局、中国烟草总公司批复同意，红河卷烟总厂改制为红河烟草（集团）有限责任公司，简称红河集团。

2008年10月29日，国家烟草专卖局、中国烟草总公司批复同意，红云烟草（集团）有限责任公司与红河烟草（集团）有限责任公司重组整合，成立红云红河烟草（集团）有限责任公司，简称红云红河集团。新成立的红云红河集团由红云集团和红河集团所属红河卷烟厂、新疆卷烟厂重组整合而成；红塔集团和红河集团昭通卷烟厂重组为红塔集团(烟草)有限公司。2009年1月1日，红云红河烟草（集团）有限责任公司正式运行。

至2008年底，红河卷烟厂累计生产卷烟1027万箱，累计实现税利523亿元。2009年至2012年，生产卷烟423万箱（2009年起，生产工厂不单独计算税利）。

（二十）金水河河口口岸恢复通车

1992年10月19日，国务院批复同意河口铁路口岸恢复对外开放。1993年5月18日，举行中国河口—越南老街铁路口岸恢复开通仪式。河口铁路口岸是1953年开通，1956年定为国家级

三、影响深远的红河

口岸，1978年12月关闭的。1993年2月25日，国务院批准金水河公路口岸为国家一类口岸。1993年11月10日，中国金水河口岸—越南马鹿塘国家一类口岸开通。金水河口岸是1954年12月17日开放为边民互市口岸，1978年12月关闭的。

2004年10月25日，国务院批准河口口岸对持有护照的游客（包括第三国需出入境的游客）、商务考察人员办理落地签证手续。这是中越边境地区第一个获得签证权的口岸。2005年3月5日，河口口岸开始办理落地签证。

2007年12月4日，河口口岸进出口货运量首次突破200万吨大关，达201.2万吨，创下河

口口岸1993年5月18日复通以来的最高纪录。

2009年9月1日,河口红河公路大桥竣工。10月25日,河口公路口岸试运行,配套设施包括中越红河公路大桥、口岸联检楼项目、北山国际口岸查验货场。2011年11月14日通过国家级验收。2012年8月8日正式运行。

2012年,河口口岸国际道路运输量居全省口岸第二,进出口贸易额居全省口岸第一。

(二十一)哈尼梯田申遗成功

2013年6月22日,在柬埔寨金边,联合国教科文组织第37届世界遗产委员会决定将红河哈尼梯田文化景观列入世界遗产名录。至此,红河

哈尼梯田风光

三、影响深远的红河

哈尼梯田文化景观成为我国第 45 处世界遗产地，同时也是我国第一个以民族名称命名的世界遗产。

联合国教科文组织世界遗产委员会一致认为，红河哈尼梯田文化景观保存和保护管理状况良好，具有高度的真实性和完整性。

红河哈尼梯田文化景观位于中国云南省东南部红河哈尼族彝族自治州境内哀牢山脉，是以哈尼族为主的各族人民利用"一山分四季，十里不同天""山有多高，水有多高"的特殊地理气候所创造农耕文明奇观。哈尼梯田呈现森林、村寨、梯田、水系"四素同构"的农业生态系统，农耕生产技术和传统文化活动均围绕梯田展开。哈尼梯田分布从山脚延伸至海拔 2000 多米的山巅，级数最多可达 3700 多级，规模宏大，气势磅礴，是人与自然和谐的杰作。遗产区及缓冲区总面积为 461.04 平方千米，其中遗产区面积为 166.03 平方千米。梯田集中连片的核心区域主要有坝达、多依树、老虎嘴等 3 个片区，82 个村寨。

红河哈尼梯田申遗路走过了 10 余年的漫长岁月。自 2000 年 10 月，中共红河州委、州人民政府决定哈尼梯田申报联合国教科文组织世界遗产，并开展相关工作。哈尼梯田先后被冠以国家湿地公园、全国重点文物保护单位、中国重要农业文化遗产以及联合国粮农组织全球重要农业文化遗产的殊荣。

（二十二）著名历史人物

（1）马黑奴

生卒年月不详，彝族，石屏县异龙湖南边山人，元末世袭土知州，民间称为"罗色"（意为头领）。

明洪武十四年（1381年）秋，明太祖朱元璋命颍川侯傅友德为征南将军，永昌侯蓝玉为左副将军，西平侯沐英为右副将军，统领步骑、兵马30万征战云南。明洪武十五年（1382年）正月，沐英率兵平定澄江、临安、寻甸、楚雄，各府州均被明军占领，马黑奴与亏容、思陀、瓦渣、落恐、左能5土司投诚于明朝。明洪武十五年（1382年）三月，明朝改石坪州为石屏州，并开始设流官，马黑奴被夺职。明洪武十五年（1382年）八月，马黑奴与蒙自阿也、通海观音奴、宁州吉台等土官联兵反明。马黑奴首先率领本部人马在异龙湖东部的海东扎下7座营盘，欲待其他各部人

三、影响深远的红河

马到齐,共同进兵,直取临安府城。但是,未等马黑奴进攻临安,镇守临安的临安卫指挥使王执命指挥佥事万德带兵连夜袭击,与马黑奴战于异龙湖一带,马黑奴大败,逃往五爪山。万德施计,在黑夜里将几千支火把用葫芦、皮囊等漂浮在异龙湖湖面上。马黑奴见异龙湖面上火炬遍起,怀疑是明军乘船来攻,眼看大势已去,难挽败局,自缢而死。

清道光二十五年(1845年),乡民为纪念马黑奴,在异龙湖南岸罗色湾五爪山顶建罗色庙,塑马黑奴塑像作为土主祭祀。罗色庙正殿墙壁上有绘制于清道光二十六年(1846年)的巨型壁画,全长16.96米、高1.95米,描绘了马黑奴率众与进入异龙湖一带的明军作战的过程。新中国成立后,罗色庙改建为罗色湾小学,塑像被毁。

(2)萧崇业

萧崇业(1522—1588年),字允修,号乾养,明朝政治人物,杰出的外交家,云南省临安卫新安所人。萧崇业祖籍南直隶,洪武年间其祖奉命迁云南,遂落籍临安卫新安所。

萧崇业自幼好学,明嘉靖四十年(1561年)

辛酉科举人,隆庆五年(1571年)成进士,任翰林院庶吉士。历任工科、户科、兵科给事中,光禄寺少卿,太常寺少卿,都察院右检都御史,后出使琉球,充副使。

萧崇业任兵科给事中时疏请:"崇正学以迪士,核实政以稽吏,斥饰辩以求言,缉阴讦以维风,禁侈汰以敦俗。"识者以为识治体。《明史》载:皖军噪哗,抚臣上状失实。崇业劾其欺蔽,中处肃然。转工科后给事中,复陈"举遗贤、简循吏、固邦本、缉奸宄、辩冤狱、抚无告"六事,以弥灾变。已转户科左给事中,时驿禁方严,莫敢陈说。崇业独谓:"一命半通,谁非王臣,而膳宰不敢吃,司里不授馆,非所以体群臣也,且立法峻,则持久难。请自今定职名,填实数,勿使下掠美而上不见德。"时虽不报,闻后卒从其议。

明万历四年(1576年)夏,琉球中山王驾崩,太子尚未继位,请封于朝廷。万历皇帝需派遣一名给事中前去册封。因海峡多飓风,六科给事中都面面相觑,无人应声。万历皇帝特命崇崇业出使。他领命出使,自京城到福建,乘船出海,历尽千辛万苦,几经生死,终于抵达琉球。萧崇业

三、影响深远的红河

等悉心指导中山王太子演习礼仪,顺利拜受,明朝赐封尚元王的第二王子尚永(1559—1588年)为琉球国第二尚氏王朝国王,完成封典使命。临别,中山王举行国宴欢送天朝使者,并以金银宝器答谢萧崇业。萧崇业断然谢绝,如是再三,萧崇业正色而言:我与你们君主私人之间并无深交,不宜接受如此重礼。作为使节,我到贵邦办的是国事,如果私自接受赠礼,就亵渎了国家尊严,于朝廷制度不相容。本使不能以私废公!中山国君臣听后,由衷地钦佩萧崇业的大国使者风范。

萧崇业等在琉球群岛4个半月,于同年十月二十四返航还朝,十一月初二到达定海港口,转回京城复命。他在琉球期间,详细考察了当地的山川物产和风土民情,著有《使琉球录》,收录在《四库全书》。另著有《养乾奏议》《南游漫稿》等。

萧崇业在《使琉球录》中有诗:"宴罢中山赠数金,居夷那变四知心。义利源头须慎独,岂缘故事辄相寻!金函开诏使殊方,铧铧皇华众所望。薏苡恐招犀玉谤,赂金槐入陆生装!帝子重色贮金屋,我易麟趾贸书读。但愿明经胜满籯,可怜豪富悲金谷！白昼撄金何太迷，黄金络马遭倾覆。金丸最恶韩嫣侈，妇贤且解遗金辱。君不见燕王好客筑金台，高士掉首去不回？天生李材必有用，期散千金还复来？又不见鲍叔让金交谊笃，仲翁问金乐宗族。不疑偿金同舍子，幼安锄金如草木。祖荣一钱尤为多，清献琴鹤良自足。赵轨饮水范甑尘，羊续悬鱼苗留犊？余诚不能比德于数者，区区窃慕古人之芳躅。"为纪念萧崇业，蒙自新安所把镇内的一条街道命名为崇业街。

（3）王立宪

王立宪（1664—1739年），字德之，号象山，建水县人。王立宪32岁中举人，屡考进士未中，直到51岁才出任广宁（今辽宁省北镇市）县令。王立宪一到任就四处体察民情，制定了一些改革弊政的措施，穷苦百姓拍手称颂。如在赋役方面，不准里长甲长苛派勒索；不准以大斗进、小斗出收取租谷；借贷不许高利盘剥；禁止有权势的人役使贫困村民等。广宁一带9个州县遭逢水灾，发生饥荒，奸商趁机高抬物价，哀鸿遍野。广宁有官谷15万担，分贮于39个地窖中，派民轮流看守。因地窖潮湿，粮食常常霉变，则又责令民

三、影响深远的红河

众补偿。王立宪请求开窖借粮给饥民,朝廷不准,只许卖。王立宪一面令以平价卖粮,一面以腾窖建仓为由,冒着风险开窖借粮。附近州县灾民听说广宁独行仁政,相邀前来告借。衙吏恐隔州隔县的不易收回而不借给。王立宪叹道:不独广宁的人是人,隔州隔县者也是人,借吧,责任我来担待!于是,不论远近,凡来借贷者,无不欢喜而回,感叹幸遇再生父母。广宁的粮窖腾空见底,好心人担忧,恐朝廷追究,王立宪却置之泰然。这年天公总算作美,灾荒之后竟获得好收成。府尹催令广宁火速收回所借谷豆,限定10日内完成,户部钦差将前来盘查。广宁和邻近州县的借粮民众都说:多亏仁君救活了我们,我们绝不能有负于仁君!王立宪治理广宁的政绩不胫而走,直传进朝廷,康熙皇帝特地书写了"百里甘棠"四个大字赏赐他。"百里甘棠"是古人称颂官吏德政的美誉。清康熙六十年(1721年),垂老的康熙皇帝亲自召见王立宪,留他在工部任职。63岁时,王立宪以年迈体弱为由,致仕归里。建水城王立宪后裔家内旧有"百里甘棠"木匾一块,上有"御赐"二字。著名文人倪蜕撰有《王象山广宁政绩记》,

记载王立宪事迹甚详。

(4) 孙髯

孙髯（1685—1774年），字颐庵，号髯翁，原籍陕西三原。父亲来云南任职，举家流寓昆明。孙髯自幼好学，入乡试时，因入场要搜身，不愿受辱而离去，此后即终生不仕。40岁左右，孙髯适遇弥勒州苗漪任昆明州育才书院山长，两人结为至交。孙髯爱梅花迎霜雪之骨气，自称"万树梅花一布衣"。孙髯身居昆明，目睹水灾给居民带来的痛苦，于是亲自踏勘盘龙江源流，访问农民，查阅资料，写出《拟盘龙江水利图说》，提出治水方案。孙髯常到滇池畔观赏水光山色，即景抒情，写出千古绝唱——180字的大观楼长联。大观楼长联号称天下第一长联、海内长联第一佳作，被后人尊称为"联圣"。陈毅读大观楼长联后赋诗赞道："滇池眼中五百里，联想人类五千年。腐朽制度终崩溃，新兴阶级势如磐。诗人穷死非不幸，迄今长联是预言。"郭沫若赞道："长联犹在壁，巨笔信如椽。"晚年孙髯穷困潦倒，寄居于昆明圆通寺咒蛟台洞穴，以医卜为生。虽受生活折磨，仍乐观自如。孙髯有个女儿出嫁弥勒州，老伴随

三、影响深远的红河

孙髯难以糊口,只得从女度日。清乾隆三十六年(1771年),孙髯来弥勒,在东门外设馆教书,后到城西新瓦房教私塾。孙髯去世后,老伴清理卧室,只见断卷残篇。孙髯无寸土归葬,得友人苗漪相助,葬于苗漪祖茔。有两句民间歌谣唱到:"山中若有王地,难得拣来葬髯翁。"清末弥勒知县胡国瑞重修孙髯之墓,并撰墓志铭。1914年,弥邑公立墓碑,墓碑题文为"古滇名士孙髯翁之墓",王运谦撰墓联"古冢城西留傲骨,名士滇南有布衣"。

(5)尹壮图

尹壮图,字万起,一字楚珍,云南蒙自人。乾隆三十一年(1766年)进士,改庶吉士,乾隆三十九年(1774年)入阁任内阁学士,兼礼部侍郎。乾隆五十五年(1790年),和珅创设议罪银制度。壮图上书乾隆帝,直言议罪银制不利于朝廷,此议遂罢。尹

尹壮图像

壮图又上奏:"各督抚声名狼藉,吏治废弛。臣经过地方,体察官吏贤否,商民培养皆蹙额兴叹,各省风气,大抵皆然,请旨简派满洲大臣同往各省察查望。"乾隆命户部侍郎庆成带他四处调查,却查无实据,尹壮图到了山西太原后即奏陈:"仓库整齐,并无亏缺,业已倾心贴服,可否恳恩即今回京待罪?"但乾隆不同意,"一省查无亏缺,恐不足以服其心,尚当前赴山东及直隶正定、保定等处",要尹继续访查。尹壮图覆奏称:"所过淮、扬、常、镇以及苏州省会,正当新年庆贺之时,溢巷摩肩,携豚沽酒,童叟怡然自乐。"尹壮图再次上书,"自承虚诳,奏请治罪"。朝中大臣打算议以死刑,乾隆以"不妨以谤为规,不值加以重罪也",被贬为内阁侍读,史称尹壮图案。乾隆五十七年八月,尹壮图辞官养母,嘉庆四年被重新起用。书法醇厚有画沙印泥之妙。著《楚珍诗集》《自编年谱》。卒年七十一。

(6)高洛依

高洛依(?—1817年),乳名惹达,哈尼族,元阳县宗巧村人。清嘉庆二十二年(1817年)秋,元阳县暴雨成灾,梯田稻谷被冲毁,百姓十户九

三、影响深远的红河

不收。土司依旧催粮逼款,百姓被逼走投无路,高洛依联络东观音山一带哈尼族、彝族、汉族等受苦百姓 700 余人揭竿而起,反抗土司催粮逼款。起义队伍推高洛依为"哈尼王",高洛依堂兄腊沙为大将,汉族教师章喜为军师,朱申为副军师。起义队伍由抛竹寨向西挺进,沿途攻下胜村、麻栗寨、新街、芭蕉岭等村镇,随即挥戈东进,攻克纳更、稿吾,将稿吾土舍头目龙定国斩首示众,穷苦百姓扬眉吐气。民众纷纷参加起义,队伍迅速发展到 1600 多人,遂移师北上,锋芒直指临安府。清廷闻奏"哈尼王造反",令云贵总督伯麟率兵镇压。起义队伍在回防渡江战斗中,军师章喜被俘。高洛依为避官军锋芒,率部沿江而上,连克溪处、瓦渣,溪处土舍投降,瓦渣土舍逃往元江。高洛依乘胜追击,进逼元江城时,遭官兵四路"围剿",高洛依率部与官军鏖战。战斗中,高洛依等起义将领牺牲,义军败退南掌。清嘉庆二十三年(1818 年),高洛依堂侄高老五又在东观音山举义,坚持一年后弹尽粮绝,高老五战死,起义失败。

(7) 阮氏秋河

阮氏秋河（1856—1890年），女，越南山西省人阮氏秋河丈夫系华侨，在参与越南农民抗法起义中牺牲。丈夫牺牲后，阮氏秋河怀着国仇家恨，配合黑旗军打击法国侵略者。在临洮战斗中，阮氏秋河于与云南开化总兵官覃修纲相识，经云南巡抚岑毓英撮合，结为戎马伴侣。清光绪十一年（1885年）六月，覃修纲部移驻河口，阮氏秋河不以总兵夫人自居，在河口街上开酒坊蒸酒为业。后来覃修纲调驻文山后，阮氏秋河仍居河口。阮氏秋河时刻不忘报国，与黑旗军余部首领黄晚、陈七、麦四等，在河口、坝坪一带袭击法国侵略者。

阮氏秋河机智勇敢，经常女扮男装率兵夜渡红河到越南保胜（今越南老街）等地偷袭法军军营，杀岗哨、焚军械库。法军为加强防范，调军增援保胜。阮氏秋河获悉后，即与黄晚、陈七、麦四等在法军路过途中巧布"飞箭阵"，打得法军狼狈逃窜。法军对阮氏秋河恨之入骨，悬赏银千两缉捕。

法军五圈官（大尉）为根除祸患，在坝坪对

三、影响深远的红河

岸布防火炮4门,企图用炮火歼灭驻峒坪、龙沙河等地的黑旗军,结果被阮氏秋河、黄晚等人识破。阮氏秋河、黄晚迅速组织民众疏散,并乘法军未站稳脚跟,率部从曼峨渡过红河到龙坑设伏,出其不意地将法军炮队包围,经过激战,法军炮队弃炮逃走。清光绪十六年(1890年),阮氏秋河到谷柳法国医院治病,因奸细告密,被医生注射毒液害死。河口民众称赞阮氏秋河为"山西女将"。

(8)杨增新

杨增新(1859—1928年),字鼎臣,蒙自人。清光绪十四年(1888年),杨增新中举,次年中进士,历任甘肃天水县知事、河州知州、陆军学堂总办,政绩突出。清光绪三十四年(1908年),杨增新入疆,先后在阿克苏、乌鲁木齐、巴里坤等地任道台。1912年被北京国民政府任命为新疆督军、省长。1928年6月被南京国民政府任命为新疆省政府主席兼总司令。杨增新主政新疆先用以柔克刚的"和平谈判"手段,取消在辛亥革命中成立的伊犁临时革命政府,以新疆都督兼行伊犁将军事;嗣后派兵击败帝俄侵略

· 119 ·

军,平息乱事,改阿勒泰特区为阿山道,完成了新疆的统一。杨增新在新疆17年,笃信老子"小国寡民"的政治思想,奉行"无为而治"的统治政策,整顿吏治,裁减兵员,奖励垦荒。

在杨增新治理新疆的时期,中国陷入军阀争战而无暇顾及新疆,杨增新在俄国革命以后与新政府订立了较为平等的新通商条款。此外,在面对俄国内战时,严守中立,保境安民,并驱逐入疆的白俄残部,使新疆不受到俄内战的侵扰。1928年杨增新通电拥护南京国民政府,宣布易帜归附,7月1日就任新疆省政府主席职。美国人拉铁摩尔这样评价杨增新:"辛亥革命后,新疆政权落在一个很有经验的中国官员手里,他善于平衡当地各个民族间的力量,使新疆保持长期稳定。后来他与苏联签订了通商协定,有效地抗衡了英帝国势力在新疆的拓展。"瑞典学者斯文赫定这样评价:"差不多是过去时代的最后一个代表者,具有高度的中国伟大的旧道德、傲气和爱国心。他唯一的梦想是中国的统一。"

1928年7月7日,杨增新遭军务厅长樊耀南刺杀身亡。杨增新灵柩由苏联政府派专车和军警武装护送,假道西伯利亚,运到北京安葬。

(9) 王炽

王炽(1836—1903年),字兴斋,弥勒虹溪人。据《虹溪王氏族谱》记载:王氏祖籍是应天府(今南京)柳树湾石门坎,其远祖为明洪武年间随沐英南征兵员,云南平定后留屯安家于陆凉(今陆良县)。王家到了王炽之父时,家道早已衰落。王炽年少时,父亲王勋业去世,三兄夭折。母亲张氏以纺织谋生,省吃俭用,勉强度日。自幼聪明好学,但因家境困难,不得不离开私塾,用母亲卖掉陪嫁玉镯的10两银子做本钱经商。王炽从家乡收购土布等运到竹园、婆兮(今盘溪)等地贩卖,又采购红糖回家乡销售。这样来回都有生意,资金周转很快,加之王炽很能吃苦,也知道节俭,没有几年,就积攒纹银百余两。清同治六年(1867年),青年王炽因斗殴杀死表兄姜庚

王炽像

后逃至四川重庆,从赶马帮贩运开始,经历艰险,苦钻商道,以过人的胆识与诚信打破当地商贾设置的重重阻碍和官府的地方保护,与旅渝滇商合营"天顺祥"商号,促进了川、黔、滇三地的商务往来和商品流通。随后,王炽又与席茂之在昆明合资开设"同庆丰"商号。清同治十一年(1872年),王炽在昆明主持"同庆丰"商号,并设"兴文公当"兼营房地产,修建昆明同仁街,在弥勒、宜良等地广置田产,年收租息千余石。经多年经营,"天顺祥""同庆丰"商号成为滇中富商,号称"南邦之雄"。

唐炯调任云南矿务督办大臣后,派王炽为矿务公司总办。王炽为筹办云南铜、锡矿业,先后垫支开发基金银 10 万两。王炽在办矿业中大获其利,成为"富甲全滇"的企业家。王炽既善运谋致富,也用财有方,曾捐银兴建弥勒境内盘江铁索桥两座,捐银 1513 两重修广西直隶州(今泸西)城孔庙,出资修筑虹溪街道,铺设昆明城至碧鸡关石板路,在昆明建盖弥勒会馆,划拨"兴文公当"资金馈赠本省举人赴京会试费用。清光绪九年(1883年),法国侵略越南,朝廷诏命提督鲍

三、影响深远的红河

超会同云南巡抚岑毓英统兵援越抗法，时军费紧缺，王炽垫支银60万两。战后，鲍超、岑毓英班师回国，遣散兵勇又需军费，王炽又垫银相助。清光绪二十六年（1900年），八国联军入侵北京，慈禧仓皇出逃西安，所带银两不足大队随行人员衣食，向王炽求援。王炽力排众议，认为爱国必须忠君，只有先把外国侵略者赶出去才能谈自家的事，因此十万火急下死命令：慈禧人马所经地方，凡王炽"同庆丰"分行须全力出资力助。慈禧回北京后，国库空虚，资金短缺，百废待兴，王炽发动海外及国内各分行融资接济。人祸未息，天灾又降，晋、陕两省大旱，黄河断流，王炽仗义疏财，捐银数百万两给工部兴修水利。清廷根据王炽的义举，先后赐"急公好义"和"义重指群"匾额，并赐四品道员职衔，恩赏荣禄大夫二品顶戴，诰封"三代一品"封典。清光绪二十九年（1903年），王炽去世，归葬虹溪烟子寨。王炽故后，其子王鸿图继承父业经营"同庆丰""天顺祥"商号，倡办昆明耀龙电灯公司，参与开办昆明自来水公司，其经济实力和经营能力当时曾称雄云南商界。

英国《泰晤士报》评选的1910年世界富豪中,王炽排名第四。因为多次为朝廷出力,为全国各地做了不少公益事业,王炽成为中国历史上唯一的三代一品红顶商人,民间称为"钱王"。晚清名臣李鸿章曾称王炽为"犹如清廷之国库也"。王炽的一生,充满传奇。

(10)袁嘉谷

袁嘉谷(1872—1937年),字树五,号澍圃,晚年自号屏山居士,云南石屏人。在中国上千年的封建科举制度中,云南是一个从未出过状元的地方。直到1903年,石屏人袁嘉谷以"经济特科"一等第一名的成绩,填补了这个空白。袁嘉谷同时还是负责编写中小学教科书的第一人,至今通用的"星期""乐歌"等名词,均是由袁嘉谷新订。从封建王朝的状元,做到现代高校的教授,古今唯一人,天下亦唯一人。

(11)陈鹤亭

陈鹤亭(1874—1931),名钧,字鹤亭。云南省石屏宝秀人,清末进士,云南名士,实业家。曾任黎元洪大总统秘书。主持修建了中国历史上第一条民营铁路——"个碧临石铁路",即蒙

三、影响深远的红河

（自）宝（秀）线铁路。1914年，任个碧石铁路总理，陈鹤亭将公司改为民营商办，成为全国民营铁路之首创，扼制了外国势力又节约了民脂民膏。1936年个碧石铁路全线通车，成为中国当时第一条主权最为完整的民营铁路。1922年，陈鹤亭被任命为个旧锡业公司总理，不到三年，不仅还清所有债务，还盈余200余万元，使负债累累、濒于破产的中国最大的锡业公司奇迹般起死回生，开创了中国民族锡工业融资经营开发的新局面。

（12）何望霖

何望霖（1881—1931年），字春田，号雨农，红河县迤萨镇人。何望霖自幼攻读，品学兼优，清光绪二十六年（1900年）被选拔贡入京。后目睹朝政腐败，放弃仕途，归乡讲学，以振桑梓文化。1921年至1931年任迤萨两级小学校长。在职期间，治学有方，学生剧增，校容风纪，一改旧观。

何望霖热心地方公益事业，关心地方安危。1925年冬，建水匪首孔开甲率土匪数百人侵犯迤萨，烧杀抢掳。为挽救乡民于水火，何望霖与众绅老一道，积极组织迤萨青壮年坚持抵抗，并呼吁邻近土司出兵救援，终将土匪驱逐出境，为保卫迤萨做出贡献。

何望霖受辛亥革命影响，思想开明。1926年，何望霖不畏流言蜚语，首创迤萨女校，并题写"女界曙光"和"红莲渐结园满果，碧桃先开纪念花"的对联，挂于迤萨女校；写下"莫避险阻，莫畏艰难，莫把光阴混过，莫教俗论摧残"的条幅，鼓励教育女生，破除陈规陋习，同封建礼教和世俗偏见做斗争。迤萨女校学生在他的启迪下开始觉醒。何望霖因势利导，组织"天足会"，宣传发动妇女解放缠足，并以身作则先解放女儿的缠足，剪短女儿原蓄的长发。1931年，何望霖因事赴元江县城染疾，病殁于归途。

（13）李丕章

李丕章（1891—1986年），又名李魁，浙江省鄞县（今鄞州区）人。李丕章出身商人家庭，6岁念私塾，13岁入上海法国租界法文书馆习法文，15岁进汉口铁路学校，16岁考取法国巴黎医学院国外分院法属越南河内医科大学公费留学，攻读西医学。李丕章入越南后受孙中山民主思想的影响，剪去长辫，参与反清民主革命活动，并受云南同盟会要人李根源之托，为反清起义

三、影响深远的红河

秘密收集滇越边境地图。

辛亥革命爆发后,李丕章毅然辍学赴云南投身革命军。1912年3月被云南都督蔡锷任命为云南陆军医院少校外科主任,1912年6月调任西征军总司令部副军医官随军入西藏平叛,1913年任护国第一军总司令部少将军医处长兼蔡锷侍从医生出征讨袁,1916年任四川督军军医课长,1917年随滇军退出四川后离开部队往上海行医,1918年回昆明与友人开设博济医馆,1922年受政府委托先后组建昆明流行白喉防疫医院、平康医院并任院长,1924年自立李丕章医药房挂牌应诊,1930年被委任为云南省军医学校外科学、解剖学教官,1932年受聘东陆大学医学专修科兼职教授,1932年返河内医科大学补毕业考试并获医学博士学位。李丕章回滇后,被云南省政府主席龙云委任为云南陆军医院院长兼外科主任医师,授少将军衔。1946年,李丕章因不满国民党当局政治腐败而退役,重办私人诊所。1950年11月,李丕章受云南省卫生厅委托筹办云南省卫生厅总门诊部并任副主任。1952年7月,李丕章调任个旧市卫生科长,科改局后任局长至1972年退休。

李丕章是参加辛亥革命的云南早期民主革命者，也是入滇行医较早的现代西医外科专家。李丕章擅长外科、普外科及传染病科。20世纪20年代即组织了白喉、霍乱、鼠疫、脑膜炎、回归热及性病的防治，20年世纪30年代致力于省内现代外科手术的开创和普及。李丕章开展的阑尾切除、疝修补、膀胱切取石、肠套迭复位、胃空肠吻合、颈麻醉下行颈淋巴结核切除和甲状腺次全切除及剖腹取胎、卵巢囊肿摘除、乳炎根治等手术在当时的云南外国籍医院亦鲜见，并以手术快捷著称，能在15分钟内切除阑尾，37分钟内完成胃肠吻合。

李丕章在从医的同时热心兴办实业，独资创办香海工业社，生产卫生保健用品，其中丕章药皂及百侬、美玲香皂畅销省内，并入股合建钢铁、盐业、汽车运输、肥皂、火柴等企业。

1957年，李丕章加入中国民主同盟，历任民盟个旧市主委，之后当选个旧市政协副主席、红河州政协副主席、云南省政协委员、云南省人民代表。"文化大革命"中一度遭受迫害。李丕章20世纪50年代即提出加入中国共产党的请求，

1985年10月已卧病榻仍再次递交入党申请书,深情地表示"生要站在共产党员的队伍中战斗,死也要站在共产党员的行列中安息"。1985年11月14日,中共云南省委常委会议批准李丕章为中共正式党员,实现了他一生的夙愿。1986年1月17日,李丕章去世。

(14)熊庆来

熊庆来(1893—1969年),字迪之,云南弥勒人,数学家,并被誉为"中国数学界的伯乐"。中国现代数学先驱,中国函数论的主要开拓者之一,以"熊氏无穷数"理论载入世界数学史册。出任云南大学校长期间,开创了云南大学历史上最辉煌的时期,云南大学也成为当时国内最著名的15所大学之一。

熊庆来

(15)苏继承

苏继承(1896—1962年),石屏县人,著名手工艺品岳氏"乌铜走银"技艺独传者。清雍正年间，石屏冒合岳家湾岳永兄弟特创乌铜走银工艺，历代独家经营，其配方秘不外传。民国以后，岳氏传人岳忠明在昆明武成路设店铺，专制乌铜走银器皿出售。岳忠明无子，店内缺乏人力，其妻苏氏劝说丈夫雇内弟苏继承作帮手。

苏继承被雇入店，干活手勤脚快。经苏继承10余年细心研究，已深通岳氏祖传工艺奥秘，且工艺技术日益精湛，吸取了岳氏工艺精髓，自成一格。1943年，苏继承辞别姐夫回石屏自行创业，用铜、锡和少量黄金浇铸成坯，锤锻成型，然后在粗品上镂刻花、草、虫、鱼或山水禽兽等图纹，再以白银溶液灌注其间。冷却后，各种合金发生奇妙变化，铜、锡、金底版乌黑如漆，图纹银亮闪光，虽越百年光泽依旧，永不褪色。1959年，苏继承制成两块"昆明西山龙门全景"乌铜走银屏风，每块高3米、宽1米，一块送北京博物馆，一块留云南。其后，苏继承又制作"人民大会堂"乌铜走银大匾额，为我国民族手工艺增添绚丽光彩。1962年，苏继承去世。临终前将乌铜走银秘方献给石屏县人民政府。

三、影响深远的红河

（16）张冲

张冲（1901—1980年），原名绍禹，又名维新，字云鹏，彝族，抗日爱国将领，云南省泸西县永宁乡小布坎（现划归弥勒市）人。参与1927年云南"二·六政变"，任滇军旅长、师长。1937年抗日战争爆发。8月，张冲任国民党六十军副军长兼一八四师师长。先后与罗炳辉、叶剑英见面，与八路军建立了联系。1938年，参加台儿庄战役，被提升为军长。1940年修建弥勒、泸西两县的水利事业。1942年任云南部队第二路军指挥官。1947年2月先后任东北人民解放军总部高级参议、松江省人民政府副主席等职。云南解放后，任云南省人民政府副主席、西南军政委员会委员、西南民委副主任兼凉山临时军政委员会主席。1954年以后，曾任云南省副省长、云南省民委主任、中共云南省省委委员、云南省人大常委会副主任。曾当选为第一至五届全国人大代表，任全国人大民委副主任，并当选第一、第五届全国政协委员，任全国政协副主席等职。1956年以后，多次考察云南省各地水电事业，考察全国水利事业，逐渐形成一整套水利建设思想，提出了治理金沙江、虎跳峡的一整套方案。

（17）马坚

马坚（1906—1978年）市沙甸村人，回族，中国伊斯兰教学者，阿拉伯语翻译家。1928年就读于上海伊斯兰师范学校，1931年被送埃及爱兹哈尔大学和达鲁米文学院学习。留学期间曾以阿拉伯文著《中国回教概观》，将《论语》译为阿拉伯语，并在开罗出版。1939年回国，从事《古兰经》及其他阿拉伯语著作的翻译。1946年起任北京大学东方语言文学系教授。1949年担任中国政治协商会议全国委员会委员。1954年起，当选为第一、二、三、四、五届全国人民代表大会代表，并曾任中国伊斯兰教学会常务委员、中国亚非学会理事等。

马坚

（18）李和才

李和才（1893—1985年），云南元江县人，哈尼族，红河州首任州长。李和才出身贫苦家庭，

3岁时生母马氏双目失明,9岁父病故,家贫如洗,每天扶母走村串户乞讨求生,讨到食物先给母吃,成人后靠帮工养母,人称"孝子"。

民国十一年(1922年)其母去世,李和才到下龙潭村李家借债为母治丧,丧后到李家放牛、割马草抵债。经3年帮工还清债务,后与同村伙伴到迤萨瓦那胡四团总手下当团丁,不久,经普防殖边部队一营营长张华明收留在该部当"传令"兵。李和才在随部队征剿周兴国匪部时,被派遣打入匪部里应外合将匪击散立了功,次年被送普洱举办的军士队(后改军官队)学习,结业后升任中尉排长。

民国二十三年(1934年)7月,李和才随部队"平叛"李有桢领导的农民起义武装有功,获奖赏。不久,离队回家乡命利围垦荒山荒地,兴修底夏大沟,鼓励乡亲开地,他供水灌溉,3年不收租。经3年奋斗,

李和才

共开出荒地 3000 余亩,春种粮食,秋种罂粟,3年满李和才既收租又收烟课。他自豪地说:"省长龙云权大,我李和才地多。"

民国二十五年(1936年),李和才盖起一幢5间6耳3天井下3间的四合院楼房,购买骡马,开始做食盐、鸦片生意,不几年骡马发展到500余匹,编为5个中队,购置枪弹,配置武装人员护道,从元江驮大米到磨黑,又由磨黑驮盐巴、茶叶等到元江、石屏、蒙自、玉溪、昆明等地销售,财源滚滚。李和才致富后,对有人上门乞讨求援,他从不拒之门外,总要让家人备饭,待其饱餐后,每人发给银圆 3—5 元,叮嘱他们回家劳动生产。对过去接济过他的人或青年时的流浪伙伴、难兄难弟,给予经济支持,凡逢年过节,他都登门拜访,或将他们请到家中热情款待,畅谈情谊。

民国二十九年(1940年),墨江饥荒,李和才派人从命利驮去大米,在四城门路口埋锅煮稀饭赈济路人。李和才不识字,他为帮助哈尼族子孙后代识字,在命利、郁谷、芭蕉、紫陀罗、大黑铺、孟明等较大的哈尼村开办学校,从外地请去教师,每年发给薪金银圆 800 元,学校放假,

三、影响深远的红河

他用骡马、武装护送。群众称他"咪哩王"。

民国三十年（1941年），李和才经张冲的教师徐为光介绍，结识张冲，并与之来往，后到张冲领导的二路军指挥部任骡马运输大队长。此后，李和才的5支骡马中队的"带头骡"的驮子上均插上写着"第二路军运输大队第X中队"字样的三角"蜈蚣旗"，浩浩荡荡出入思茅（今普洱）—玉溪、思茅—石屏，沿途畅通无阻，一些商家的小马帮也跟在后面，以求过关。民国三十三年（1944年），李和才因杀了浪堤村恶霸刘志坚，被告到省府，元江县长周荫樾勾结省民政厅长陆崇仁，给李和才罗织罪名，诱捕入狱，并要他交出银圆6000元。后经多方营救，张冲直接找龙云说："昆明盐巴紧缺，李和才会赶马，让他回去运盐吧！"李和才幸得释放回家。1947年12月，中共云南省工委决定在全省发动武装斗争，选择元江县为滇南发动武装斗争的发动点，派余卫民并通过各种关系做李和才的统战工作，李和才积极靠拢共产党和人民，支持中共在元江开展武装斗争，他主动让出在小柏木村新建的仓库给省工委开办军政干部训练班，供给学员粮食、菜金。

1948年三四月间,国民党省政府获悉,对李和才施加压力,李和才仍不动摇。1948年7月15日,中共滇南工委在朋程(蓬扯)建立人民自卫军,李和才运送物资去祝贺。1948年8月19日,人民自卫军奔袭洼垤镇恶霸杨怀麟首战告捷,李和才高兴地说:"自卫军大有希望,头仗就打出了名气。"1948年9月20日,自卫军在猪街镇歼灭新平(第六区)专署保安独立大队,李和才表示要跟共产党闹革命。同年11至12月,自卫军在反"围剿"斗争中,跳出元江到石屏、龙武、峨山等县活动,李和才为配合反"围剿"斗争,于次年1月2日联合元江、墨江两县地方武装袭击墨江县城,经两昼夜攻击未破,后自卫军第一支队增援,攻克墨江县城。1949年2月,李和才与滇南工委书记张华俊研究。向国民党云南省政府推荐开明人士李时任元江县长,搞两面政权,表面应付国民党政府,实际为自卫军筹集粮草、通风报信。1949年8月中旬,李和才与"边纵"十支队领导联系,把他的私人武装(计武装人员5000人,有轻重机枪25挺,小炮2门)交由十支队整编为元江县护乡团(亦称"边纵"十支队

三、影响深远的红河

护乡第一团），李和才任团长。这支武装整编后，与十支队四十七团并肩战斗。1949年9月23日到六村大兴镇（今绿春县城）；11月12日，到石屏宝秀镇；12月中旬开赴开远策应布沼区武装起义，对日与开远护乡团汇合，在盘江渡口阻击国民党二十六军一个营的"进剿"。1950年1月4日，在龙武县巴窝镇配合龙武护乡大队平息了后家文的叛乱。中旬，与石屏独立大队汇合，配合南下野战军在石屏松村、宝秀和元江青龙厂、甘庄等地阻击向元江溃逃的国民党第八军、第二十六军残部。李和才在解放战争中为滇南各县的解放做出了贡献。

新中国建立后，李和才受到党和政府的信任，于1950年2月任石屏县长，次年5月升任蒙自区第一副专员。李和才在任职期间，积极团结教育民族上层人士，对疏通民族关系，稳定红河边疆起了重要作用，曾在重庆受到邓小平同志的接见，在北京受到毛泽东主席、朱德总司令、周恩来总理的接见和鼓励。

1957年11月，蒙自专区与红河哈尼族自治区合并建立红河哈尼族彝族自治州，李和才在自治州首届一次人民代表大会上当选为州长，并连选为第一届至第六届全国人大代表、全国人大民族委员会委员。"文化大革命"中，李和才受到严重冲击，下放劳动，但他没有动摇对党和政府的信念。粉碎"四人帮"后，李和才欢欣鼓舞，精神振奋。

1977年，李和才任云南省政协副主席，1979年又当选为云南省人大常委会副主任。1985年李和才在昆明逝世，享年92岁。

四、文化丰厚的红河

（一）多姿多彩的民族文化

红河民族众多，民族文化悠久璀璨。主要民族节日有以农历十月第一个属龙日为新年的哈尼族十月年（又称哈尼年），每年六月的哈尼族矻扎扎节（又称六月节），每年农历六月二十四日的彝族火把节，每年农历正月初二至初七举办的苗族花山节，每年农历十月十六日举行的瑶族盘王节，一般在傣历六月间举行的傣族泼水节，每年农历二月二十八日举行的傣族男人节等。

红河州民族民间文学内容丰富，形式多样，有史诗、神化、传说、故事、叙事长诗、歌谣、谚语、谜语等，如哈尼族的《十二奴局》《哈尼祖先过江来》《哈尼阿培聪坡坡》，彝族的《阿细的先基》。彝族古籍文献丰富，全州散存于民间的彝文古籍2000多卷，著名文献有《尼苏夺节》

《彝族创世纪》《太阳历》等。经典的舞蹈有哈尼族苍劲有力的芒鼓舞、娱乐健身的乐作舞，彝族阿细跳月、烟盒舞，苗族芦笙舞等。经典音乐有石屏彝族的海菜腔等。《哈尼四季生产调》、哈尼族多声部音乐、彝族烟盒舞、彝族海菜腔入选首批国家级非物质文化遗产名录。民族乐器有彝族的巴乌、口弦，苗族的芦笙，傣族的葫芦丝等。图腾崇拜有哈尼族的祭龙，彝族的祭火、祭山等。节日文体活动有爬花杆、赛芦笙、打磨秋、对歌、斗鸡、斗牛、丢包等。成年仪式主要是瑶族的度戒等。

1. 哈尼族十月年

十月年，是哈尼族的主要节日，哈尼语称"美首扎勒特"或"米索扎"。时间从夏历十月第一个属龙日开始，直至属猴日结束，历时五六天，是哈尼族一年中最长、内容最丰富的节日，类似汉族的春节。哈尼族以十月为岁首，所以每年农历十月的第一个属龙日要过"十月年"。节日期间，各家各户杀猪杀鸡、舂糯米粑等，祭祀天地、祖先。按传统规矩，年节的每天早晚吃饭前，家家都要用小簸箕抬着个1盅酒和3个团籽送到门口倒掉，

四、文化丰厚的红河

意即祭献祖宗。随即又送一些食物到同宗辈数最大的人家去,以示不忘血缘祖根。年节里,凡出嫁的姑娘都必须回娘家恭贺新禧,外甥要向舅舅讨压岁钱,娘家同宗亲属要好酒好肉款待,还要送些粑粑和煮熟的鸭蛋。有的地方,年节期间要举行"资乌都"活动,即欢乐幸福的酒会。各家各户将烹制好的各种美味佳肴用小簸箕端到街心,顺序摆在长长的蔑垫上,全寨人同饮共食,通街宴长达百十米,场面极为壮观。

哈尼族"十月年"通街长宴

2. 哈尼族矻扎扎节

哈尼族一年一度的"苦扎扎"节又叫"六月年",在每年农历六月中旬举行,这是围绕梯田农耕活动开展的祭祀活动,预祝五谷丰收、六畜兴旺。节日期间，各村寨都要从森林中砍一棵很直且质地坚硬的树和一些藤条回来，在村寨较大的场地上，架起秋千和磨秋，让人们娱乐。节日历时2—3天。从六月的第一个属虎日开始，各户捐献1—3把茅草盖磨秋房，然后属马日盖秋房，属龙日祭献水田，属蛇日村中集体出钱买牛在秋房里宰杀，牛肉每户分一份，各自带回献祖。秋房由龙头（寨中德高望重的老人）主持，献祖后由咪谷推磨秋左右转三圈（意为人畜兴旺、粮食堆成山）；秋千要由咪谷荡三上三下。三上意为高山竹林茂密；三下意为来年丰收，把害虫赶跑。随后众人自由地荡打，苦扎扎节间，哈尼山寨一片欢腾，青年男女穿上绚丽鲜艳的服装，成群结队地聚集在磨秋场上骑磨秋欢度节日。骑磨秋，是哈尼族特有的，也是有趣的体育活动。那些骑磨秋艺高胆大的小伙子，往往成为姑娘们爱慕的对象。

3. 彝族火把节

彝族火把节是彝族地区的传统节日，流行于云南、贵州、四川等彝族地区，白族、纳西族、基诺族、拉祜族等族也过这一节日。火把节多在

四、文化丰厚的红河

农历六月二十四或二十五日举行，节期3天。农历六月二十四日，北斗星斗柄上指，彝语支的民族都要过火把节。节日活动主要有摔跤、斗牛、赛马。火把节的由来虽有多种说法，但其本源当与火的自然崇拜有最直接的关系，它的目的是期望用火驱虫除害，保护庄稼生长。火把节在凉山彝语中称为"都则"，即"祭火"的意思；在仪式歌《祭火神》《祭锅庄石》中都有火神阿依迭古的神绩叙述。火把节的原生形态，简而言之就是古老的火崇拜。火是彝族追求光明的象征。在彝族地区，对火的崇拜和祭祀非常普遍，云南泸西县彝族在正月初一和六月二十四，由家庭主妇选一块最肥的肉扔进燃烧的火塘祈祷火神护佑平安。佳节之前，各家都要准备食品，在节日里纵情欢聚，放歌畅饮。火把节期间，各村寨以干松木和松明子扎成大火把竖立在寨中，各家门前竖起小火把，入夜点燃，村寨一片通明。同时，人们手持小火把成群结队行进在村边地头、山岭田埂间，将火把、松明子插于田间地角。

4. **苗族花山节**

每年农历正月初二至初七，是川南、兴文、

河口、文山等地苗族人民一年一度的"踩花山"节。花山节一般在较平缓的地区举行。花场中竖立一根有五六丈高的竹竿或树秆,这就是花秆,花秆上还分别挂着两块红黑布。每年,花山主持人先把花秆立好,让人先知道这里有花场,到了正月初二就开始踩花山,比较隆重的花山节还可以延长至初八、初九。踩花山的来历有两种不同的说法,一种说法是为了求子而立,另一种说法是纪念日。每到这个时候,各村各寨的苗族人民,潮水般地从四面八方来到几个苗村寨之间的开阔坡地上。"花秆"是踩花山节的重要标志,一般选择挺直高大的青松或柏树,扎以鲜花、彩旗。定花村的人(又称花秆头)是大家公认的"好心肠的人"。这人必须在节日的第一个早晨,趁太阳出山以前把花秆竖好。

5. 瑶族盘王节

盘王节是瑶族祭祀祖先盘瓠的重大节日,海内外的瑶胞都十分重视这一民族祀典。由衡阳的常宁,广西的富川、钟山、八步、恭城、金秀,广东的连州、连南、连山、乳源,湖南的江华、江永等粤湘桂三省区十县(市)发起,现已成

四、文化丰厚的红河

为全国瑶族同胞最盛大的节日。每年的农历十月十六日,瑶族男女老少都要穿上自己民族的节日盛装,聚居在一起唱歌、跳舞,欢度盘王节。他们唱的歌是以《盘王歌》为主的乐神歌(下面将有专门介绍),跳的舞则是每人手拿长约80厘米的长鼓群舞,一般为双人或四人对舞。关于盘王节、盘王歌以及长鼓舞,都有它们源远流长的来历。

6. 傣族泼水节

傣族泼水节又名"浴佛节",傣语称为"桑堪比迈"(意为新年),西双版纳德宏地区的傣族又称此节日为"尚罕"和"尚键",两名称均源于梵语,意为"周转、变更和转移",指太阳已经在黄道十二宫运转一周开始向新的一年过渡。泼水节源于印度,随着佛教在傣族地区影响的加深,泼水节成为一种民族习俗流传下来,至今已经有数百年的历史了。阿昌族、德昂族、布朗族、佤族、哈尼族等族均过这一节日。柬埔寨、泰国、缅甸、老挝等国也过泼水节。泼水节一般在傣历六月中旬(即农历清明前后10天左右)举行,是西双版纳最隆重的传统节日之一。到了节日,傣族男女老少穿上节日盛装,而妇女们则各挑一担清水为佛像洗尘,求佛灵保佑。"浴佛"完毕,人们就开始相互泼水,表示祝福,希望用圣洁的水冲走疾病和灾难,换来美好幸福的生活。集体性的相互泼水就这样开始了。人们各种各样的容器盛水,涌出大街小巷,追逐嬉戏,逢人便泼。其内容包括民俗活动、艺术表演、经贸交流等类别,具体节日活动有泼水、赶摆、赛龙舟、浴佛、诵经、章哈演唱和孔雀舞、白象舞表演等。

7. 金平傣族男人节

居住在云南金平苗族瑶族傣族自治县者米拉祜族乡的傣族人民,至今还沿袭着一个传统节日——男人节。在每年的正月二十九"男人节"这一天,全村人舂粑粑、杀猪宰鸡,共同庆贺,热闹非常。相传在很久很久以前,这里的傣族人民为了抵御外敌的骚扰和侵犯,青壮年男子全部到前线戍边抗敌。等他们打败外敌,凯旋的时候,村里最隆重、最热闹的节日大年已经过去了。家人和妇女们为了答谢英勇顽强御敌归来的勇士,全村男女老少在寨主的率领下,用傣族人民最高尚、最热情的礼节迎接他们:用洁净的家乡水为勇士接风洗尘,妇女和姑娘们用淘米水为勇士们

四、文化丰厚的红河

洗头,用一种带刺的枝条帮他们梳理蓬乱的头发,然后重新准备过年用品,给御敌归来的勇士们补过年,称为"小年"。因为是专为男人而过的,所以又称作"男人节"。

(二)世界物质文化遗产

红河哈尼梯田

哈尼梯田位于红河南岸的红河、元阳、绿春及金平等县,仅元阳县境内就有1.13万公顷梯田,元阳县境内全是崇山峻岭,所有的梯田都修筑在山坡上,梯田坡度在15°—75°之间。以一座山坡而论,梯田最高级数达3000级,这在中外梯田景观中是罕见的。

元阳哈尼梯田主要有3大景区:坝达景区包括箐口、全福庄、麻栗寨、主鲁等连片933.3公顷的梯田,老虎嘴景区包括勐品、硐浦、阿勐控、保山寨等近400公顷梯田,多依树景区包括多依树、爱春、大瓦遮等连片上万公顷梯田。如此众多的梯田,在茫茫森林的掩映中,在漫漫云海的覆盖下,构成了神奇壮丽的景观。

自20世纪80年代以来,元阳哈尼族梯田的知名度日渐提高,从封闭的哀牢山走向全国,走向世界。国内外专家学者和游客纷至沓来。在1993年的第一次国际哈尼族文化研讨会期间,中国、荷兰、日本、美国、英国、泰国等10多个国家的100多名代表参观过胜村乡全福庄哈尼梯田,深为其景观的壮丽与文化的丰富所折服。1995年,法国人类学家欧也纳博士也来元阳观览老虎嘴梯田,面对脚下万公顷梯田,欧也纳博士激动不已,久久不肯离去,他称赞:"哈尼族的梯田是真正的大地艺术,是真正的大地雕塑,而哈尼族就是真正的大地艺术家!"只要登上元阳随便哪一座山顶,就会看到充满在大地之间的、那如山如海汹涌而来的都是梯田。

一座座的"田山",仿佛就是一部非文字的巨型史书,直观地展示了哈尼族先民在自然与社会双重压力下,顽强抗争、繁衍生息的漫长历史。哈尼族古老的《天、地、人的传说》中说:大鱼创造了宇宙天地和第一对人,男人叫直塔,女人叫塔婆。塔婆生下22个娃,其中老三是龙,龙长大以后到海里当了龙王,为感激塔婆的养育之恩,向塔婆敬献了3竹筒东西,其中一筒里盛有稻谷种。也就是说,哈尼人认为,自开天辟地

四、文化丰厚的红河

以来便有了稻子。说明哈尼人是最早驯化野生稻的民族之一，水稻种植是哈尼人古老的生产内容。千百年来，哈尼族将哀牢山区三江流域的野生稻驯化为陆稻，又将陆稻改良为水稻，在得天独厚的生态环境中，使三江流域成为人类早期驯化栽培稻谷的地区之一。

元阳哈尼族梯田之所以如此壮丽和独特，首先是大自然特殊地理结构所造成的。元阳位于云南省南部，而云南省地形分布的特点是西北高、南部低，从滇西北的中甸、丽江经大理、楚雄到滇南的普洱、西双版纳、红河、文山，海拔渐渐下降，形成了滇西北高海拔地区常年无夏的寒温带、寒带气候类型和滇南低海拔地区全年无冬的亚热带、热带气候类型。从滇西北到滇南，随着海拔下降，立体气候越来越显著，降雨量也越来越大。全省降雨量最多的就是红河南岸哈尼族聚居地区，降雨量竟达到年均1397.6毫米，相应的稻作农耕越来越密集，旱地耕作越来越减少。这就使从滇西北的怒江、澜沧江、长江水系到滇南江河水系流域，梯田稻作文化越来越发达，并最终在红河南岸哀牢山南段哈尼族地区形成全省、全国最集中、最发达的梯田稻作区的地理构成环境。

其次，哀牢山特定的地形、气候等自然条件也决定了元阳哈尼梯田必然形成最壮丽、独特的奇观。元阳的地貌特征是山高谷深，沟壑纵横，多为切割中山地类型，即县内众山在亿万年中被红河、藤条江水系深度切割，中部突起，两侧低下。鸟瞰全境，山地连绵，层峦叠嶂，地形呈"V"形发育，高下之间，壮观异常。境内最低海拔为144米，最高海拔为2939.6米，海拔高差2795.6米。县内气候多属亚热带季风类型，但因地形复杂差异悬殊，立体气候突出。河坝区年均温度25度，最高气温42度，高山区年均温度11.6度，两区温差达13.4度。在由河坝经下半山、上半山到高山区的行程中，要经历热带、温带、寒带的变化，正所谓"一山分四季，十里不同天"。河坝峡谷因其酷热干旱而被称为"干热河谷区"，高山区因低温降雨量大而被称为"阴湿高寒区"。河坝峡谷区蒸发量大，高山区云雾密度大、降雨丰富。境内以红河、藤条江两大干流为主的水系共有支流29条，总长700余千米，水资源总量为26.9亿立方米，地表为20.81亿立方米，地下水

四、文化丰厚的红河

6.09亿立方米，可利用1.47亿立方米，这些江河就是元阳所有水源的总源头。低纬度干热河谷区常年出现的高温使江河之水大量蒸发（如南沙地区最大蒸发量1995年竟达2306.5毫米）。巨量水蒸气随着热气团层层上升，在高山"阴湿高寒区"受到冷气团的冷却和压迫，形成元阳年均雾期180天和年均降雨量1397.6毫米的状况，这也是为什么元阳上半山地区终年大雾笼罩，降雨极其丰富，云海格处神奇壮丽的原因。

哈尼族是中国人口在百万以上的10余个少数民族之一，总人口达163万人。哈尼族自古以来就是耕种梯田的民族，梯田文化就是哈尼族的代表性文化。据中国最古老的史书《尚书》记载，早在3000多年前的春秋战国时期，哈尼族先民"和夷"在其所居之"黑水"（今四川省大渡河、雅砻江、安宁河流域）已经开垦梯田，进行水稻耕作。自唐朝初期（1200年前）的哈尼族在红河南岸哀牢山区定居下来并开垦大量梯田之后，梯田文化就成为整个哈尼族的灵魂。

哈尼祖先在上千年的历史长河中，用整个民族的心力来挖筑梯田。哈尼人只有一把短柄锄头、一身铮铮铁骨，只有胸中万丈的豪情及脑中过人的智慧，才会为了开筑梯田投入了生命的全部。一个哈尼人如何把他的一生与梯田缠绕在一起，通过一个普通的民俗"命名礼"就可以看出来：哈尼人出生时，家人要举行梯田劳动仪式，在院子地上画出象征梯田的方格，如果生男孩，就由一个七八岁的男孩用小锄头在方格内表演挖梯田的动作；如果生女孩，就由一个七八岁的女孩在方格代表的"梯田"里表演摸螺蛳拿黄鳝的动作。经过这一仪式才能拥有自己正式的名字，真正成为村寨里的一员。哈尼人出生后将一生投放在梯田里，去世后仍然埋放在梯田旁边的山坡上，在另外一个世界里守望着梯田。哈尼族就是这样一代一代地，祖祖辈辈永不中断、永不松懈地把巍巍哀牢山的千山万壑都开垦成片片田山。有专家说过："每道梯田的下面，都掩埋着我们祖先累累的白骨，每块梯田是用祖先们的生命和鲜血垒成。也正因此，我们祖先把他们的伟大力量和崇高人格镌刻在大山之上，成为后代儿孙，成为全人类永恒的骄傲和荣耀！"

　　围绕着梯田构筑和大沟挖掘，哈尼族发明了

四、文化丰厚的红河

一套严密有效的用水制度,从开沟挖渠、用工投入,到沟权所属、水量分配、沟渠管理和维修等,无不精心经营。如水源管理则发明了"水木刻"。这是根据各家权益设置的划有不同刻度的横木,安放在各家田块的入水口,随着沟水流动来调节各家各户的用水,如此公平合理而又科学的管理,保证了每块梯田都能得到充足的水量供给。

对稻作之民来说,水之外最重要的就是肥,哈尼族利用村寨在上、梯田在下的地理优势,发明了"冲肥法"。每个村寨都挖有公用积肥塘,牛马牲畜的粪便污水贮蓄于内,经年累月,沤得乌黑发臭,成为高效农家肥。春耕时节挖开塘口,从大沟中放水将其冲入田中。届时举寨欢腾,男女老少纷纷出动,有的还特意穿上盛装,宛若过节般热闹。大家争先恐后用锄头钉耙搅动糊状发黑的肥水,使其顺畅下淌,沿沟一路均有专人照料疏导,使肥水涓滴不漏悉数入田。这一方法省去了大量运肥劳力。平时牛马猪羊放牧山野,畜粪堆积在山,六七月大雨泼瓢而至,将满山畜粪和腐殖土冲刷而下,来到山腰,被哈尼族的大沟拦腰截入,顺水纷纷注入田,此时稻谷恰值扬花孕穗,

·153·

正需追肥,自然冲肥正好解决了这及时之需。

哈尼族是一个善于和大自然亲密相处的民族,自称为"摩咪然里",即"天然神之子"。"天"是大自然的象征,即哈尼族是大自然之子。他们将自己的村寨建筑在森林下方的山凹中,村寨下方就是一片连一片的梯田。在长期的生产活动中,哈尼族兴作了一套相应的文化宗教礼仪,重要的有二月的"艾玛突"节,为春耕大忙前生理与心理的准备,仪为祭祀村寨守护神"艾玛";有六月的"苦扎扎"节(六月年),为秋收前人们的身心调适,仪为祭祀天神,届时邀神同庆,人神共乐;有十月的"唖勒特"节(十月年),为丰收之后辞旧迎新的佳节,仪为祭祖认宗。这些活动对于保护山林、水源、土地和维护村寨的安全,团结全体民族人员,沟通人和大自然、人和人的关系,发挥了重要的作用。

元阳哈尼族梯田从古至今始终是一个充满生命活力的大系统,今天它仍然是哈尼族人民物质和精神生活的根本。1.1万公顷梯田在养育着336971个农业人口,高山上的63958.4公顷森林提供着全县人民的生活用水和农田用水,全

四、文化丰厚的红河

县4653条水沟干渠仍在灌溉着千山万岭之上的梯田,这就是元阳哈尼族梯田奇观的突出特点。它不像长城、故宫、秦始皇陵、埃及金字塔、印度泰姬陵等已失去功能的古迹,也不像泰山、黄山、尼亚加拉大瀑布等单纯的自然景观,更不像曲阜孔庙、拉萨布达拉宫、北京颐和园等单纯的人文创造,它是哈尼族人民与哀牢山大自然相融的和谐互促互补的天人合一的人类大创造,是文化与自然巧妙结合的产物。

哈尼族梯田生态系统呈现着以下特点:每一个村寨的上方,必然矗立着茂密的森林,提供着水、用材、薪炭之源,其中以神圣不可侵犯的寨神林为特征;村寨下方是层层相叠的千百级梯田,那里提供着哈尼人生存发展的基本条件——粮食;中间的村寨由座座古意盎然的蘑菇房组合而成,形成人们安度人生的居所。这一结构被文化生态学家盛赞为江河—森林—村寨—梯田四度同构的人与自然高度协调的、可持续发展的、良性循环的生态系统,这就是千百年来哈尼人民生息繁衍的美丽家园。

在梯田耕作上哈尼族形成了一整套科学合理

的方法和制度。如元阳哈尼族著名的古歌《窝果策尼果》中就细致地唱到祖先们是如何找地、开田、挖沟、犁田耙地、插身下种、施肥放水的。他们"背着饷午去找地,手搭凉棚去找地",找到一块好土,庄稼是长得老实高,但是大风吹倒了庄稼,要不成,又"背着饷午去找地,手搭凉棚去找地",找到一块好地,庄稼长得老实高,大风来了吹不倒,但是鸟雀虫虫爱来吃,又要不成,又去找。这样找来找去遂找到不怕风吹、向阳、平缓、无病虫害,雀鸟不来吃又终年保水的肥沃的坡地。于是,先开出来种三年旱地作物,待其土熟,再垒埂放水把它变成梯田。哈尼族对梯田的命脉水利是通过挖筑沟来解决的,古歌也唱到祖先们如何在高山深箐和石崖上克服千难万险挖沟的:他们遇到巨大的岩石,绕不开,就在岩石上堆上许多干柴,

哈尼梯田风光

四、文化丰厚的红河

放火把石烧红,然后用竹筒背来冷水浇上去,石头就炸开了,这样就可以挖沟了。古歌称这样的挖沟是"挖出了岩神的三朵肝花,挖出了石神的七朵腰花",这是多么令人惊奇的景象啊!另外,梯田要求田面整理得很平,但是古代没有测量仪器,怎么办呢,哈尼族人的祖先就说"田不平不要紧,请水兄弟来帮忙找平",他们用放水平田的方法解决了这个问题。这样的例子在古歌里很多,都是哈尼族祖先智慧和创造精神的表现。

围绕着梯田构筑和大沟挖掘,哈尼族发明了一套严密有效的用水制度,从开沟挖渠、用工投入,到沟权所属、水量分配、沟渠管理和维修等,无不精心经营。如水源管理则发明了"水木刻"(哈尼语"厄德"),这是根据各家权益设置的画有不同刻度的横木,安放在各家田块的入水口,随着沟水的流动,水位上升到该家的刻度,则立刻关闭水口,如此公平合理而又科学的管理,保证每块梯田都能得到充足的供给。非但如此,哈尼族挖筑的大沟,除了解决本民族梯田用水外还同时解决了居住在下半山和峡谷河坝区的彝族、汉族、壮族、傣族人民的梯田灌溉问题。因此可以说，哈尼族的梯田文化同时养育了同居一山的兄弟民族，这是一件千秋不朽的功业，在中国民族关系史上应予大书一笔。

（三）非物质文化遗产

目前红河州已有国家级非物质文化遗产14项，省级21项，建立州级名录项目190个，县市级731个。包含民俗、传统音乐、传统医药、传统体育游艺与杂技、民间文学、传统技艺和传统美术各个方面，涉及元阳、建水、弥勒、个旧、绿春和石屏等多个县市。14个国家级项目有红河县的哈尼族多声部民歌、《乐作舞》，元阳县的《四季生产调》《哈尼哈吧》、祭寨神林，建水县的陶器烧制技艺（建水紫陶烧制技艺）、铓鼓舞，石屏县的彝族海菜腔、彝族烟盒舞、乌铜走银制作技艺，弥勒市的彝族三弦舞"阿细跳月"、《阿细先基》，蒙自市的蒙自过桥米线制作技艺，屏边县的苗族花山节。省级项目有：彝族剪纸、戏剧《花灯》、傣族传统制陶技艺、哈尼族梯田农耕礼俗、哈尼族长街宴、金平傣文、彝族沙莜腔、跳鼓舞、迁徙史诗《阿培聪坡坡》、斑锡制作技艺等21项。

四、文化丰厚的红河

1. 四季生产调

"四季生产调"流传于云南省红河哈尼族彝族自治州红河、元阳、绿春、金平、建水等县的哈尼族聚居区,其起源时间的下限不晚于唐代。2006年5月20日,四季生产调经国务院批准列入第一批国家级非物质文化遗产名录。

作为山区梯田生产技术及其礼仪禁忌的百科大典,哈尼族四季生产调包括引子、冬季、春季、夏季和秋季5大单元的内容。引子部分强调祖先传承下来的"四季生产调"对哈尼族的生存所具有的意义,其余部分按季节顺序讲述梯田耕作的程序、技术要领,以及与之相应的天文历法知识、自然物候变化规律、节庆祭典知识和人生礼节规范等。

"四季生产调"虽有不同版本,但主要内容相同。现在红河州收集到的歌谣约1670行,分为引子、冬季三月、春季三月、夏季三月、秋季三月5个部分,完整再现了哈尼族的劳动生产程序和生活风俗画面,传授系统的哈尼族梯田农耕生产技术和独特的生活习俗,是一部完整的哈尼族生产生活教科书。引子部分有41行,用精彩生动的语言强调了传承古歌、传授传统知识的重要性，其余部分按季节顺序讲述或介绍梯田农耕的程序，包括泡田、打埂、育种、撒秧、插秧、拔秧、栽秧、薅秧、打谷子、背谷子、入仓等过程及相关的民俗活动。其中也包括了与农耕活动相应的天文历法和自然物候变化规律，用通俗易懂的语言描绘了哈尼族祭寨神、六月年"矻扎扎"、十月年这3个祈祷和庆丰收的节日，并对年轻人进行人生礼仪教育。

"四季生产调"体系严整，通俗易懂，可诵可唱，语言生动活泼，贴近生产、生活，而且传承历史悠久，具有广泛的群众基础。它不仅是梯田生产技术的全面总结，也是哈尼族社会伦理道德规范的集大成之作。

2. 哈尼阿培聪坡坡

哈尼族迁徙史诗之一《哈尼阿培聪坡坡》（以下简称《聪坡坡》）是一部流传在红河流域哈尼族地区的迁徙史诗，全诗5500行，经云南省民间文学工作者多年的发掘整理，终于使这部史诗成为大量民间文学作品中的佼佼者，它系统完整地记叙了哈尼族从诞生、发展到迁徙各地，直至今日所居之地的路线、历程、各迁居地的生产、生活、社会状况,以及与其他民族的关系。它以哈尼族酒歌"哈八惹"的形式,系统地吟唱了哈尼族先祖历尽艰辛,从远古的"虎尼虎那",来到红河南岸定居的悲壮、曲折而又漫长的迁徙历程,展现出哈尼人勤劳善良、百折不挠的优秀品质和与其他民族和睦相处、乐于助人的精神风貌。史诗从哈尼民族诞生地"虎尼虎那"开篇,到渡过大河(指红河),分散红河南岸各地,气势恢宏,惊天动地,豪迈悲壮。对哈尼族来说,这是一部影响深远的史诗,是哈尼民族用血与泪书写的诗行,已成为一颗永不坠落的恒星。

3. 阿细的先基

《阿细的先基》是彝族支系阿细人的史诗,流传在云南弥勒市西山一带的阿细人民中间。"先基"是阿细彝语"sei ji"的译音,意即歌或歌曲,是这一作品诗歌和曲调的总称。用"先基"调唱的传统诗歌,内容基本上是固定的、系统的,它构成了一部完整的叙事长诗。新中国成立前后,阿细人民也运用"先基"调唱出了许多歌颂革命斗争和社会主义建设的诗歌;但从诗歌的内容和结构来看，它们已是另外一些作品，和古老的叙事诗无有机的联系。《阿细的先基》认为"最古的时候，没有天和地"。天地是由"云彩"这种具体物质演变而来的："云彩有两层，云彩有两张，轻云飞上去，就变成了天"，"重云落下来，就变成了地"。天地形成后不稳，是阿底神用4根柱子把天稳住，是银龙神和阿托把地稳住。随后，再和金姑娘、金龙神把地稳住。随后，再和金姑娘、金龙神等众多的神人一起，改善了天地，创造了天地间的万物。

4. 哈尼族多声部民歌

哈尼族多声部民歌流传于红河县阿扎河乡东部以普春村为中心的几个哈尼族村落，其流传地区自然环境封闭、交通不便，历史上一直是瓦渣长官的辖域。单一的民族分布格局，以及土司政权长期统治的政治历史背景，使得外来的异质文化始终未能渗透进普春一带，哈尼族多声部音乐等原生态传统文化才得以系统保存下来。

该民歌一般分为有乐器伴奏和无乐器伴奏帮腔2种，演唱内容以原生态的《栽秧山歌》为主体，其他的《欧楼兰楼》《情歌》等为附体，与哈尼

四、文化丰厚的红河

族其他民歌相比较,多声部民歌既有共性又有个性。

2006年5月20日,哈尼族多声部民歌经国务院批准被列入第一批国家级非物质文化遗产名录。

哈尼族多声部民歌包括了歌颂劳动、赞美爱情、讴歌山野田园美景等方面的内容。曲目以《吾处阿茨》(栽秧山歌)和《情歌》最具代表性。演唱方式分为有乐器伴奏和无乐器伴奏人声帮腔2种。哈尼族多声部民歌的演唱场合多样化,梯田、山林和村寨都可以是其表演空间。伴奏乐器均由民间歌手自己制作,三弦、小二胡只在普春村使用。哈尼族多声部民歌的唱词结构以开腔用词、主题唱词、帮腔用词3部分构成一个小的基本段落,其音乐形态在歌节结构、调式音列、调式色彩、调式组合和多声部组成等方面都显示出鲜明的民族和地域特征。

哈尼族多声部民歌中凝聚着哈尼族的音乐智慧和才能,展现出哈尼族独特的演唱天赋。在田野考察过程中,有关专家已采录到8个声部的原生形态哈尼族多声部民歌,这极为罕见,具有很高的历史、科学和艺术价值。哈尼族多声部民歌是中华民族音乐的瑰宝,已引起国内外音乐界人士的广泛关注。哈尼族多声部民歌与社会生产,尤其是与梯田稻作农耕劳动相伴而生,它是研究哈尼族文化及其民族性格和审美观念的重要资料。

5. 哈尼哈吧

哈尼哈吧,中国哈尼族民间文学的重要组成部分。"哈尼哈吧"哈尼语意为"哈尼古歌",是哈尼族社会生活中流传广泛、影响深远的民间歌谣,是有别于哈尼族山歌、情歌、儿歌等种类的庄重、典雅的一种古老歌唱调式。"哈尼哈吧"涉及哈尼族古代社会的生产劳动、宗教祭典、人文规范、伦理道德、婚嫁丧葬、吃穿用住、文学艺术等,是世世代代以梯田农耕生产生活为核心的哈尼人教化风俗、规范人生的"百科全书",被誉为"无文字的百科全书",文化"活化石"。于2008年3月申报为第二批国家级非物质文化遗产保护名录。

哈尼族历史上没有文字,农耕生产生活知识的传播完全靠口传心授,"哈尼哈吧"便成为重大节庆活动和朋友聚会场合中传承文化知识的主

四、文化丰厚的红河

要方式。以元阳县国家级非物质文化遗产代表性传承人朱小和演唱、卢朝贵翻译、史军超与杨叔孔收集整理、云南民族出版社出版的《哈尼古歌——窝果策尼果》为例,《窝果策尼果》意为"古歌十二调",内容着重叙述哈尼社会各种风俗礼仪、典章制度的源起,分上下篇。上篇主要讲述神的历史,由神的诞生,造天造地,杀牛补天地,人、庄稼、牲畜的来源,雷神降火,采集狩猎,开田种谷,安寨定居,洪水放滥,塔婆编牛,遮天树王,年轮树组成12章;下篇讲的是人的历史,由头人、贝玛、工匠、祭寨神、十二月风俗歌、嫁姑娘讨媳妇、丧葬的起源、说唱歌舞的起源、翻年歌、祝福歌组成12篇。12篇内容可分可合,可通篇演唱,也可独立演唱,根据当时的仪典场合选择相宜的内容章节而定。从演唱的场合看,哈尼哈吧主要在祭祀、节日、婚丧、起房盖屋等隆重场合的酒席间由民间高手来演唱,表达节日祝贺、吉祥如意的心愿;从演唱的内容来看,规模宏大,结构严谨,歌手可以连续演唱几天几夜。从演唱的特点来看,在隆重的场合因事而歌,摆酒吟唱,向亲朋好友、村寨百姓传递古老的规矩和道理,或美好祝福。演唱方式由一人主唱、众人伴唱，或一问一答、二人对唱而众人和声；若遇重大年节，可以完整演唱十二调主要内容，一位歌手难担大任，须数位歌手联袂演唱。

从21世纪初收集整理的"哈尼哈吧"资料来看，哈尼古歌《窝果策尼果》《哈尼阿培聪坡坡》《十二奴局》《木地米地》成为"哈尼哈吧"的经典代表作。

6. 阿细跳月

"阿细跳月"是阿细支最为著名的歌舞形式，它的节奏欢快、气氛热烈、舞蹈动作简洁舒展，与阿细毗邻的撒尼人也会此种舞蹈，他们称为"撒尼大三弦舞"。

"阿细跳月"是阿细人最具代表性的传统舞蹈，它由音乐和舞蹈两部分组成。舞蹈因节奏的快慢分为"老人舞"和"青年舞"。"老人舞"动作舒缓，节奏平稳。"老人舞"使用的乐器有小三弦、竹笛、月琴、三胡（或二胡）。"青年舞"节奏欢快，动作幅度较大，始终以跳跃为。参与者往往三五分钟便大汗淋漓。"青年舞"使用的乐器有竹笛和大三弦。笛子在"阿细跳月"

四、文化丰厚的红河

中有着很重要的作用。有时，一支竹笛、一把大三弦就可以奏出欢快热烈的"阿细跳月"音乐。三支竹笛除了统领整场音乐的旋律高低（调）外，还可以单独使用其中的一支或两支作为主旋律。

舞蹈都以拍手、抬踢腿为主要动作，节奏均是5/4拍。"跳月"时男子手持乐器与女子对舞，队形有圆圈和直排的变化。20世纪50年代以前"阿细跳月"最重要的功能便是男女相识的媒介。男女往往三五成群，在夜幕降临的时候，在村与村的交界处或是山林中开始"跳月"，通过"跳月"成就了无数对姻缘。50年代以后的"阿细跳月"逐渐成为阿细人节假日的娱乐活动，近年来它也逐渐成为阿细人的文化标识，实用功能慢慢退去，更多的成为艺术商品。

"阿细跳月"，阿细语称"戛斯比"，意为"跳欢乐"；撒尼语则称"三弦比"，即"跳三弦"。舞蹈时，一般是男女配对，男的肩挎大三弦，边弹奏边起舞，有的吹笛子，女的则相向拍掌而舞，人数不限，少则十余人，多则成百上千。

"阿细跳月"是集吹、弹（拉）、唱、跳为一体的舞蹈，具有5个较显著的特点：

一是跳。"阿细跳月"的基本步法为三步两抬脚,五拍一轮回。前三拍进退、转身、跳跃,后两拍原地拍掌对脚。女子上身动作是前三拍双手叉腰或自然摆动,后两拍双手在胸前拍掌两次。男子则斜挎大三弦弹奏或吹笛子,不拍掌,舞步有大八字步左右摆动、弓箭步左右移动、弓腿跳步、单腿跳转及跪蹲步等。表演中,队形忽而形成两大横排,进退欢舞,有如潮水涌来,忽而又变为"二龙吐须",双双对舞后,依次散开,有如退潮而去,显示出彝族青年热情奔放的性格特征。

二是弹。在"阿细跳月"的表演过程中,男子弹拔木制大三弦、小三弦和四弦。大三弦(彝语称"达达")琴身长约135厘米,琴筒直径约27厘米,长约33厘米,羊皮蒙面,牛筋做弦。弦码处置有铁皮扣片,弹拔时"嚓嚓"作响,不仅节奏感强烈,富于弹性,而且其低音效果给别具风味的清脆笛音以极好的铺垫和烘托,听起来十分悦耳。小三弦状似大三弦而较小,四弦形如月琴,二者可以随舞和歌,变奏乐章。

三是吹。"阿细跳月"时男子几乎没有人赤手空拳,不挎三弦,就吹笛子。竹笛和大三弦是

四、文化丰厚的红河

主要乐器。笛子（彝语称"木独"或"批鲁"）配高低音各一支，高音笛奏主旋律，低音笛奏和声部，边吹边跳，起伴奏和领舞的作用。

四是唱。"阿细跳月"至高潮时，男女边唱边跳，唱词一般较简朴，多为"唱起来哟，跳起来哟，尽情地唱哟，尽情地跳哟"等欢呼性词句；或是"桃花开放啦，李花开放啦，桃子成熟啦，李子成熟啦"等叙述性词句。在句末的2个空拍上，不时加"呕呕"的吼叫和口哨声。

五是盛装彩饰。舞蹈时除了盛装之外，还有若干美丽装饰。男子多背有蓝色图案的白麻布包和雪白的麦秸草帽，穿无袖密纽小短褂。在大三弦顶端嵌上小圆镜和五色绒球，乐器上坠各色镜带、纸花。女子则打扮得花团锦簇，身挎绣花垂穗的织包和一把套子绣得瑰丽缤纷的雨伞，头插鲜花，手戴银镯响铃，跳起来叮当作响，更衬托出人们狂歌劲舞的炽烈气氛。

7. 建水紫陶烧制技艺

建水紫陶始于道光年间，是在明代粗陶生产昌盛的基础上发展起来的，曾有"宋有青瓷、元有青花、明有粗陶、清有紫陶"之说。紫陶是用碗窑村红、黄、青、紫、白5种不同颜色的泥土，泡水滤浆后成紫红色的陶泥，用以制成器皿坯胎烧制而成。建水紫陶采用无釉磨光，陶器烧成后用鹅卵石精工细磨抛光，使之质地细腻，光亮如镜，轻轻敲击有金属之声。

建水紫陶声名远播，除了制作精美、造型新颖之外，最主要的是将传统的书画艺术运用于紫陶身上，成为一种典雅的艺术品，登上了艺术大雅之堂。

在紫陶上写字绘画，不像在宣纸和瓷器上那样方便，它必须用墨或颜色写在陶坯上，再用刻刀刻，然后以填色的泥料含硅的白色黏土，一些灰绿的、浅绛的、橙黄的天然彩泥被奇妙的敷上了紫色的陶坯，这种人为的创新和发挥，极大地彰显了建水紫陶的艺术表现力。"残贴"就是将在陶坯上施泥为彩的艺术演绎得出神入化。

残贴的做法是，将坯上的字画分别以阴、阳2种刻法交叉刻出，在刻模上以彩泥交替填充，多不过五六块，少则两三贴，让观者心随神移，浮想联翩。白色陶土或红、黄、蓝等色泥填满晾干后入窑烧制，出窑后再磨光。其经过多次打磨，

四、文化丰厚的红河

可以达到光彩照人的程度。如书画、雕刻、烧制、磨工均佳,则产品呈紫地镶白或黑地镶白的图文,明快爽朗,典雅秀丽。名家书画,经制陶艺人的雕刻,呈观自然斑驳、浑朴古拙的金石韵味,给人以无限美的艺术享受,为其他名陶所不及,和传统的字画及江西景德镇瓷器相比,别具魅力。从清末到现代,无数的书画名家为建水紫陶的发展、兴旺和繁荣做出了杰出的贡献,特别是20世纪30年代建水艺人向逢春制作的陶汽锅独具匠心,外表饰有花鸟、虫、鱼、草、木、山、水画、诗词题等,精美绝伦,具有"陶具一秀"之誉。

8. 乌铜走银制作技艺

乌铜走银制作技艺属于汉族传统的金属制作工艺,现仅存于红河哈尼族彝族自治州石屏县异龙镇冒合岳家湾村、坝心镇和昆明市晋宁县晋城镇。用这种方法制作成的花瓶、香炉、酒器、茶器、文房四宝等工艺品呈现出古色古香、典雅别致的韵味。传世文物有乌铜走银山水纹墨盒。

走银即镀银,乌铜走银即在铜胚上镂刻出精美的纹饰图样,然后在阴刻的纹饰内镀银或金,再将铜胚表面处理成黑色,使其在庄重深沉的黑底上衬托出银（金）光闪闪的灿烂饰纹，使工艺品显得雍容华贵，瑰丽多彩。其造型奇巧，制作工艺精湛，特色浓郁，不但具有很高的历史艺术价值和研究价值，也具有较大的商业开发价值。

2011年5月23日，乌铜走银制作技艺经国务院批准列入第三批国家级非物质文化遗产名录。

制作乌铜走银是一项复杂的工艺，匠人须掌握冶炼合金、雕刻造型、书法绘画、微雕等技艺。主要工具有风箱、熔炉、铁锤（大、小）、钳子、大小不一的錾子（錾刻花纹用）。

其制作过程是：用铜做成铜坯，呈淡红色，坯上以手工绘刻花纹；然后将一定比例的紫铜、黄金熔化成溶液，用专用的工具"瓦它拉"（窑泥烧制的器具）手工反复打制，直至像薄纸一般；再用各种大小不一的錾子錾刻已经画好的图案花纹，然后走银水或金水打制成型；最后，使用家传秘方使之变得乌黑发亮，光泽秀丽。

石屏乌铜走银是石屏县历史上独具特色、驰名中外的汉族手工技艺之一。著名学者袁嘉谷的《异龙湖歌》有"器精称乌铜"的句子，称颂的就是乌铜走银工艺品。由石屏县异龙镇冒合岳家湾岳氏兄弟始创于清雍正年间（1723—1735年），距今已有280余年的历史，历代独家经营。民国年间，年均产销量3000—5000件。

石屏乌铜走银传人岳中明曾在昆明民生街开店经营，后其内弟苏继承掌握了此工艺，1959年云南省人民政府为抢救民族工艺，送苏继承等人前往北京参观学习2个多月，回昆后在省委招待所设点研制乌铜走银工艺数月。1962年苏继承去世后此工艺失传，迄今仅发现一位掌握此技艺的岳氏传人岳忠祥，但年事已高。

9. 彝族烟盒舞

石屏彝族烟盒舞又称"跳弦""垄偬"等，是云南彝族支系尼苏泼的一种群众性民间舞蹈。流传于滇南个旧、石屏、建水、蒙自、开远、通海、元江等地的彝族聚居区，元明时期趋于成熟，清代和民国时期达到鼎盛。舞蹈时，因每人两手各拿一个竹或木棉蝗烟盒弹跳起舞而得名。彝族亦称烟盒舞为"跳弦""跳乐""跳三步弦"等。彝族烟盒舞，是盛开在民族艺苑中的一朵奇葩，随着西部大开发战略步伐的不断加快，作为彝族文化积淀特殊载体的烟盒舞，在更加广阔的空间放射出耀眼的艺术光彩,让更多生活在不同区域的人们,领略其特殊的艺术魅力。烟盒舞作为滇南彝族最具特色的一个舞种,以独特的舞蹈语汇展现了彝族的历史观、道德观、价值观和思维方式,在民族学、民俗学、社会学领域有很高的研究价值。随着时代的变迁,烟盒舞的人文环境发生巨变,传统的"吃火草烟"习俗已经消失,烟盒舞出现风格单一化、内涵浅显化的趋势,传统的韵味十足的烟盒舞经典套路濒临失传,亟待抢救。国家非常重视非物质文化遗产的保护,2006年5月20日,彝族烟盒舞经国务院批准列入第一批国家级非物质文化遗产名录。

10. 彝族海菜腔

石屏彝族海菜腔,又称"石屏腔""曲子",俗称"倒搬桨",以异龙湖中一种称为"海菜"的草本水生植物而得名,流行于异龙湖畔、陶村鸭子坝、牛街、龙朋六街等地尼苏颇(三道红)聚居地区。同时,也为汉族所喜爱,流传于建水、开远、通海、个旧等地。海菜腔是彝族劳动群众在长期的劳动和生活中创作的。由青年男女在山野、田间、湖上谈情说爱唱出的山歌发展演变而

四、文化丰厚的红河

来的。海菜腔属于一种对唱形式的民歌,有领唱、有帮腔、有问有答。音域宽广,昂扬激越,优美动听,旋律起伏连贯,婉转悠扬,犹如异龙湖水,清澈明亮,声浪如波。彝家男女自幼听大人唱曲,耳闻目睹,心领神会,万事万物经口即成诗句,是憎是爱,出声直露情怀。无论湖中、山林、田地间,随时皆可唱曲对歌,男女歌声互答,其乐融融,非见高下,不肯停声。2006年5月20日,彝族海菜腔经国务院批准列入第一批国家级非物质文化遗产名录。

11. 都玛简收

《都玛简收》是流传于红河南岸绿春、元阳、红河、金平、元江、墨江乃至老挝、缅甸、泰国等哈尼族聚居地区的哈尼族神话古歌,其影响是国际性的。它虽然描述的是一个美丽的哈尼女子出生、成长、谈情、逼婚、逃婚到流浪,最后回归天界的悲剧神话,但这个神话故事的内涵有别于中国人家喻户晓的青年男女为了爱情,与黑暗势力抗争的梁祝故事或丹麦童话灰姑娘故事。它神奇的魅力在于通过对主人公生活经历的讲述,同时传播了哈尼族生产生活知识以及崇拜自然、亲和自然的思想观念。美丽聪慧的哈尼女子都玛简收在爱情遭受毁灭性的打击后被迫流浪的苦难历程中,支撑她疲惫身体的芦苇拐杖在她俯首喝水的刹那间生根抽芽,疯狂生长,转瞬间长成一棵遮天蔽日的大树,并给人间带来黑暗。而当人们历尽艰辛砍倒了大树,却又意外地获得了生命中至关重要的阳光和历法,拥有了昼夜分明、四季轮回的有序生活。《都玛简收》作为神话故事,给予人广阔的艺术想象空间,带给我们丰富、神奇的艺术享受。这个神话以歌谣的形式在民间流传,感染力非常强,是哈尼文化艺术的奇葩。

12. 建水烧豆腐

建水烧豆腐又称临安豆腐是云南省建水县的汉族传统特色名吃。建水县旧称临安府,临安城豆腐的历史极其悠久,早在清代中后期就享有盛名,所以临安豆腐的名称一直沿用至今,临安城中要数城西邹氏烧豆腐味道最佳,邹氏(邹崇元)豆腐从清光绪九年(1883年)开始制作,其选料认真,加工精细,专用大而圆的白皮黄豆,西门大板井的甜水,做出的豆腐洁白细嫩、火烧不变黑,做好后用小块纱布包好,压上特别的木板,

四、文化丰厚的红河

待水流尽后,去掉纱布装入簸箕内,每块豆腐放上一点盐,在太阳下曝晒数日,隔日翻动一次,待水分除去六七成,呈灰白色,即可烧烤了。烧时用火盆装上点燃的木炭,架上用铁条焊接成的炕,铁条上切不可涂抹香油,放上豆腐烘烧,边烤边翻动,待豆腐充气膨胀,即可蘸以配好的甜咸酱油、辣椒末、蒜泥、味精、小米辣等佐料食用。经《舌尖上的中国》提及过后,临安城的建水烧豆腐早已名声大振,遍及滇南城乡,建水城街巷、菜市、夜市、风景旅游景点的烧豆腐摊,人来熙住,成为古城中的一道亮丽风景线,也是吸引游客的一大亮点。

13. 金平传统瑶药

瑶药,中国瑶药,瑶族瑶药,瑶药泡浴,瑶药养生,瑶药种类繁多,据调查所用品种达1236种,其中最常用的是"五虎""九牛""十八钻""七十二风"共104种,对于药的分类有其独特的民族特点。瑶医根据药物性能结合长期的临床实践,对具体某一种药,除了按其性分为温、热、寒、凉、平性外,还按药物功效分为风药及打药。其中又有"温热药""寒凉药"之分。瑶药的药味可分为苦、甜、麻、酸、锥、辣、涩、淡等8种，分别具有不同的性能和功效。有谚语为证，如"形态识别须多认，常用五味要弄通，辛散气浓能解表，辛香止痛治蛇虫，苦能解毒兼清热，咸寒降下把坚攻，味淡多为利水药，甘温健脾补中宫，酸味固湿兼收敛，性味精研用不穷，若要发挥药永效，辨病识药第一功"。

14. 蒙自过桥米线制作技艺

过桥米线是云南滇南地区特有的汉族小吃，属滇菜系。过桥米线起源于蒙自地区。

"过桥米线"是云南滇南地区特有的食品，已有100多年历史，50多年前传至昆明。过桥米线由4部分组成：一是汤料覆盖有一层滚油。二是佐料，有油辣子、味精、胡椒、盐。三是主料，有生的猪里脊肉片、鸡脯肉片、乌鱼片，以及用水过五成熟的猪腰片、肚头片、水发鱿鱼片；辅料有来过的豌豆尖、韭菜，以及芫荽、葱丝、草芽丝、姜丝、玉兰片、氽过的豆腐皮。四是主食，即用水略烫过的米线。鹅油封面，汤汁滚烫，但不冒热气。

云南米线可分2大类，一类是大米经过发酵

后磨粉制成的,俗称"酸浆米线"工艺复杂,生产周期长。特点:米线筋骨好,有大米的清香味,是传统的制作方法。另一类是大米磨粉后直接放到机器中挤压成形,靠摩擦的热度使大米糊化成形,称为"干浆米线"。干浆米线晒干后即为"干米线",方便携带和贮藏。食用时,再蒸煮涨发。

(四)自然人文景观

1. 泸西阿庐古洞

泸西阿庐古洞被誉为"云南第一洞",距昆明160千米,位于泸西县城西2千米处。阿庐古洞又名泸源洞,是一组奇特壮观的地下溶洞群,即地下喀斯特地貌,与石林景观相似,石林在地上,阿庐古洞则在地下,它是亚洲最壮观的天然溶洞穴之一。明代著名旅行家徐霞客就曾神迷于此,两次入洞考察,留下了"泸源之水涌于下穴,泸源之洞群于悬岩"的名句。它是宋、元时云南三十七蛮部之一"阿庐部"的穴居点,其名亦是由此化来。它的主洞体由泸源洞、玉柱洞、碧玉洞、玉笋河组成,三洞一河全长3000余米,洞景具有古、奇、绝的特点。洞外有泉,洞中有洞,洞中有天,洞下有河,还有各种石笋、钟乳、石柱、石漫、石镰、石瀑、石花等，千姿百态，应有尽有，展现了大自然生机盎然的无穷乐趣。

2. 建水文庙

红河建水文庙始建于元朝至元二十二年（1285年），至今已有700多年的历史。经历代50多次扩建增修，占地面积已达到7.6万平方米，其现存规模、建筑水平和保存完好程度，都仅次于山东曲阜孔庙和北京孔庙，在全国大型文庙中名列前茅。为全国重点文物保护单位。建水文庙位于云南省红河哈尼族彝族自治州西北部的建水县城内，是一座全国屈指可数的大型文庙，是云南省继中庆（昆明）、大理之后，最早创建的第三座庙宇。后经明、清两代扩建，占地达7.6公顷，总体布局采用中轴对称宫殿式，仿照曲阜孔庙的格局建造，有1殿、2庑、2堂、2阁、5祠、8坊，是一组规模宏大的建筑群。步入大门为肃穆的"太和元气"坊，迎面为1.33公顷的"学海"（泮池）。池内碧波荡漾，四周柳丝轻拂，池中建有思乐亭，左、右有"礼门"和"义路"。步入棂星门，有大成门、东西庑、大成殿、崇圣祠、明伦堂、尊经阁等建筑。大成殿建于明弘治年间，28棵柱支

四、文化丰厚的红河

撑全殿。前檐12棵为石柱,每棵高5米,重达5000千克,用整块大青石雕成。大门左右2棵檐柱雕巨龙盘绕,称为"石龙抱柱"。正面22扇格子门所雕飞禽走兽,形态各异。玻璃瓦的屋顶,光彩夺目。庙宇周围古柏森森,显得庄严肃穆,雄伟壮观,有"金碧壮丽甲全滇"之美誉,其规模仅次于山东曲阜孔庙,为云南省重点文物保护单位。

3. 朝阳楼

原名迎晖门,亦称东门楼,位于云南省红河州建水县县城东南部临安路东端,建于明朝洪武二十二年(1389年),为当时建水城的东城门楼,

建水朝阳楼

云南第一楼。朝阳楼与北京天安门的建筑风格类似，有"小天安门"之称。楼有3层，由48根合抱粗的大木柱和许多粗大的楹梁接合形成坚固的构架，再以砖石砌成城墙及城门。楼高24.5米，进深12.31米，面阔26.8米，面积414平方米，五开间，三进间，迥廊周通，三重檐歇山式屋顶。在顶层檐下，东面悬有清代书家"雄镇东南"几个大字。西面悬摹唐朝书法家草圣张旭"飞霞流云"狂草榜书。2006年被中国国务院批准列入第六批全国重点文物保护单位。

建筑结构。朝阳楼城门占地2312平方米，城墙从南至北长77米，从东至西宽26米。城门依地势筑于高岸，楼阁又起于6米高用砖石镶砌的门洞之上，楼层高24.5米，进深12.31米，面阔26.8米，五开间，三进间，迥廊周通，为三重檐歇山顶。檐角飞翘、画栋雕梁、巍峨挺拔、气势雄伟。朝阳楼用48根巨大木柱支撑，分成6列阵势，每列各有8根，中间2列最粗大，直通三楼；其外2列木桩稍细，只通二楼；最外面2列柱围更小，仅支撑一楼屋檐。这种结构法具有强大的抗震性能，故前人有《登东城楼》诗称赞道：

四、文化丰厚的红河

"形胜据荒陬,翻身近斗牛。东南几属国,今古一高楼。"

建筑景观。朝阳楼正面的顶层檐下,东面悬挂清代书法家石屏人涂日卓书写的"雄镇东南"巨匾,"雄镇东南"为清代云南著名的四大榜书之一,也是唯一幸存下来者。每字大近2米。西面悬摹唐朝草圣张旭"飞霞流云"狂草榜书。

楼上悬一明代大钟,高2米多,重3.4千克,击之可声闻数里。檐角挂有铜铃,每当秋风送爽,铃声在清风中清脆悦耳。春夏之间,万千筑巢于檐下的紫燕绕楼飞鸣,呢喃之声不绝于耳,景致蔚为壮观。

城楼上木雕屏门雕镂精细、奇丽华贵,人物形象生动,透雕等3层,堪称精品。雍正《建水州志》载:"东城楼(朝阳楼)高百尺,干霄插天,下瞰城市,烟火万家,风光无际,旭日初升,晖光远映,遥望城楼,如黄鹤,如岳阳,实为南中之大观。"有"雄踞南疆八百里,堪称滇府第一楼"的美誉。

历史沿革。唐元和年间,南诏政权在此处修筑土城,明洪武二十年(1387年),设临安卫,在原来土城的基础上扩建成砖城,并在4座城门上各建楼3层,东门叫迎晖门(即朝阳楼),南称阜安门,西为清远门,北名永贞门。清顺治丁亥年(1647年),南西北三城均毁于战火,唯东门朝阳楼完好无损。600年高龄的朝阳楼,历经了无数兵灾战乱,饱受了50多次大小地震的颠簸,有几次全城房舍遭到严重损毁,尤其是清光绪十三年(1883年)十一月初二日之大地震。《建水县志》载:"每震时地如雷鸣,人民簸荡如载覆,见东门城楼倾侧复起数次。"然东城楼却安然无恙地挺过来了。明朝洪武二十五年(1393年)铸造的那高2米多,具有很高工艺水平的大铜钟,也完好地悬挂在古楼大梁上。1954年,朝阳楼被列为全省重点文物保护单位,为人民群众游览和文化活动中心。朝阳楼内藏有珍贵历史书画一万多册,其中有清朝收藏的8幅名画之一的《十八罗汉图》。2006年05月25日,朝阳楼作为明代古建筑,被国务院批准列入第六批全国重点文物保护单位名单。

4. 双龙桥

何谓"双龙",即是以塌冲、泸江两条河汇合在一起,有一桥镇锁"双龙",因此而得名。

四、文化丰厚的红河

建水城西3里泸江河上的双龙桥,始建于清乾隆年间,当时只是在泸江上建石桥三孔,后因泸江、塌冲河水泛滥,河床逐渐加宽,三孔小桥独居河中,不能横贯两岸,桥高9米,初建三孔宽5米,后建十四孔宽3米,全桥长148米,桥身用打凿得很平整的约500块石块镶砌而成,两侧垒条石为栏,并在桥上建盖了3座飞檐式阁楼。后于咸丰年间全部毁于战火。光绪二十四年(1898年)又重建三座飞檐式阁楼,比原建的更为气势恢宏。桥上建有亭阁三座,层檐重叠,檐角交错。正如碑记中所称的"桥上建有飞阁三座,中间一阁层累为二,高接云霄。更加左右两阁,互相辉映,巍巍乎西望大观也!"著名的桥梁专家茅以升曾

建水双龙桥

在《仪态万千的我国古代桥梁》专著中，把建水双龙桥列入全国最著名的10余座古桥代表作之中，且又在《中国古桥技术史》巨著中，设专目介绍了建水双龙桥和北京颐和园的十七孔桥。

5. 建水朱家花园

建水朱家花园位于云南建水古城的建新街中段，是清末乡绅朱渭卿兄弟建造的家宅和宗祠。占地2万多平方米，其中建筑面积5000多平方米，主体建筑呈"纵四横三"布局，为建水典型的"三间六耳三间厅，一大天井附四小天井"式传统民居的变通组合体建。房舍格局井然有序，院落层出迭进，计有大小天井42个，房屋214间。整组建筑陡脊飞檐、雕梁画栋、精美高雅。庭院厅堂布置合理，空间景观层次丰富且变化无穷，形成"迷宫式"建筑群。目前，已成为集住宿、观赏、旅游、娱乐为一体的，有一定规模和档次的，有品位、有丰富文化内涵的旅游精品景点。2013年3月，被国务院批准列入第七批全国重点文物保护单位名单。

6. 建水团山民居

团山民居位于建水古城以西13千米处，历史

四、文化丰厚的红河

上是彝族的居住地,彝语称"突舍尔",意为"藏金埋银之地"。村庄建在一坡地之上,背依青山,面临肥沃的西庄坝子、泸江河,个碧石铁路、鸡石高速公路东西向穿越村前,交通十分便利,并有着良好的自然生态环境。2002年全村227户,854人,张姓占608人。团山村是一个典型的滇南汉族移民村,始祖张福于明洪武年间由江西饶州府鄱阳县许义寨贸易入滇,先居于建水城西门外之蓝头坡,后三迁择里,定居团山,人丁兴旺,衍为巨族。在600余年的历史长河中,张氏族人遵"百忍"家训为安身立命之本,家风良好,子孙好学上进,文武人才众多。至清末,张氏族人

建水团山村民居

积极参与个旧锡矿开发，挣得巨额钱财，皆回乡建盖豪宅，光耀门庭。现存保存完好的大型民居15座，寨门3座，寺庙3坐，宗祠1座，祖茔1座，占地面积18384.5平方米，建筑面积16158平方米。其形制规整，布局灵活，空间景观丰富，内雅外秀，建筑精美，工艺精湛，表现了滇南民居建筑的典型特征，代表了云南地方本土建筑发展的最高水平，是考察中国近代地方民营工商业发展的重要实物资料。2005年6月21日，世界纪念性建筑遗产保护基金会（WMF）将其公布列为世界纪念性建筑遗产，确认团山古村是世界上极为罕见的未经触动的人类珍贵遗产的典范。2013年3月，被国务院批准列入第七批全国重点文物保护单位名单。

7. 纳楼土司衙门

建水纳楼司署俗称建水纳楼土司衙门，位于建水县城南约50千米的坡头乡彝族聚集村——回新村，为古代赫赫有名的西南三大彝族土司之一的纳楼茶甸副长官司所在地，简称纳楼司署，是云南保存较好的土司治所。纳楼土司历史悠久，早在唐宋之际的后晋天福元年（936年），通海

四、文化丰厚的红河

节度使段思平借助东爨三十七部兵力,推翻杨干贞政权,建立大理国时,纳楼部就是三十七部之一。元代为纳楼茶甸千户,后分为两个千户,隶临安元江等处宣慰司。明洪武十五年(1382年),明军平定云南,纳楼茶甸土官普少缴历代印符归顺,明朝廷授其为纳楼茶甸世袭长官副长官。纳楼司境域辽阔、实力雄厚,为临安府九土司之首。曾经是一个地跨红河两岸,南部直与安南(交趾)接壤,在边疆地区声威显赫、不可一世的封建领主"小朝廷"。司署曾悬有两副对联,其一是:"九重锡命传金碧;五马开基自汉唐。"另一副对联是:"承国恩化洽三江茶甸;奉圣谕钦赐八里纳楼。"土司署原设于府城南40余千米的官厅(今建水县官厅镇),建有土城,高丈余,立三门。土司署拥有武装和监狱,对土民(农奴)有生杀予夺之权。现存清代"临安府纳楼茶甸世袭长官司普关防"一枚,为铜质长方形印,印文为篆字。现存回新村的纳楼司署,建于清末,气势雄伟,保存较完好,是纳楼茶甸彝族土司后裔普氏土舍的衙门之一。普氏于明洪武年间受封为副长官司,世袭至清代。光绪九年(1883年),其故,土司内部争权,临安知府报经云贵总督批准,将纳楼土司管辖的地方分给其4个儿子继承,称4土舍,民国初年改为土知州。民国二年(1913年)曾被授以"临安县纳楼乐善永顺二里及江外三猛地方土司印"一枚。两年后,因新改的县名与浙江的临安县重名,仍改称旧名,另授予"建水县纳楼乐善永顺二里及江外三猛地方兼理崇道安正二里土知州"衔。回新村的纳楼司署为长舍普国泰的宅邸,居回新村最高点,占地2895平方米,以大门、前厅、正厅、后院为中轴线,由南往北一字排列,厢房、耳房、书斋、客堂左右对称,形成三进四合院落,共有大小房舍70余间。大门坊式,三楹,檐角飞翘,大门上悬挂有"纳楼司署"匾额,门前有长10余米,高6米的大照壁,四周有砖、土混砌的护墙两道,内有演兵场,四角各有石砌的两层三层碉堡,气象森严。进大门,前院是办公处所,正厅为公署大堂,后院楼房为住宅。

整座建筑布局严谨,层层递进,是彝汉文化结合的典型代表。1991年6月,全国政协提案委员会建水考察组的著名古建筑和文物专家郑孝燮、孙轶青、罗哲文、丹彤等专程赴回新村考察,对

四、文化丰厚的红河

这座"反映土司制度,保存完整,国内罕见的土司衙门"赞不绝口,给予高度评价。罗哲文还赋诗一首:"纳楼司署踞高岗,俯览红河长又长。封建而今随逝水,但留形胜状南疆。"

1993年,回新纳楼司署被列为云南省重点文物保护单位。1996年11月被国务院列为全国重点文物保护单位。

8. 蒙自海关

蒙自海关旧址位于云南省蒙自市城南湖东南隅,为光绪十五年(1889年)清政府设置的蒙自海关及税务司署旧址。原有房屋50余间,今仅存一幢建筑,坐南朝北,通面阔23米,通进深14米,抬梁式木结构,单檐歇山顶。1938年夏至1939年春,曾辟为西南联合大学文法学院教室。蒙自海关是云南设置的第一个正关,位于云南蒙自县南湖,现存建筑为清光绪年间蒙自开关通商后修建,包括蒙自海关税务司署、法国领事府、花园等5个保护点,多为法式建筑。2006年5月25日,蒙自海关旧址作为清至民国时期文物被国务院批准列入第六批全国重点文物保护单位名单。

9. 蒙自电报局

云南最早的电报局。光绪十一年六月八日（1885年7月19日），云贵总督岑毓英向清廷报称：云南至京都通信迟缓，由云南蒙自县至广西南宁转电京都，来往共需24日之久，目前通商，中外交设，繁要事件甚多，请求由广西或贵州架设电报线至云南，设电报局于蒙自。九月五日（10月12日），北洋大臣李鸿章批准此报告；1886年12月10日，蒙自电报局成立，局址在县城鹿苑寺，设报房和营业室此为云南最早的电报局。

10. 大清蒙自邮政总局

云南最早的邮政局。大清蒙自邮政总局建于清光绪二十三年（1897年），前身为蒙自海关寄信局（设于1896年）。蒙自邮政总局以蒙自海关管辖的区域为邮务局，由税务司兼邮政司。此邮政局含今云南昆明、曲靖、文山、楚雄及贵州郎贷、普安地区，不仅是云南最早的邮政局，也是跨区域管辖的邮政局。

11. 中国红河蝴蝶谷

位于云南省红河州境内，于2009年被科学家研究发现。谷内蝴蝶种类有400多种，位居世界

四、文化丰厚的红河

第一。"中国·红河蝴蝶谷"位于云南省红河州金平县马鞍底乡境内。随着专家的深入研究,各级领导的高度重视以及媒体的报道,马鞍底"中国·红河蝴蝶谷"的神秘面纱被渐渐揭开,名气越来越大,也逐渐受到各级党委、政府的高度重视和关注。

马鞍底位于金平县城东部,东、南、西三面与越南社会主义共和国的老街省坝洒县迤底乡和莱州省封土县瑶山乡接壤,国境线长达156千米,土地面积284.7平方千米,距红河州州府蒙自123千米,距金平县城148千米,距国家级口岸河口仅98千米。马鞍底境内最高海拔五台山主峰3012米,为滇南第二高峰,最低海拔仅130米。全乡森林覆盖率高达70%,有自然保护区0.773万公顷,年平均降雨量2500毫米。由于海拔高差大,立体气候较为明显,森林资源丰富,形成了一个天然的动植物基因库,尤其是丰富的蝴蝶资源,吸引着自然科学界的专家学者,被人们称为"中国·红河蝴蝶谷"。

12. 陈氏宗祠

位于宝秀镇郑营村内,始建于1925年,坐南朝北，占地面积1240平方米，土木结构，青瓦三进四合院。祠门高大雄伟，牌坊式建筑，砖石结构，三开间，瓦顶、门框皆用砖石拱券。2007年，陈氏宗祠被列为国家级文物保护单位。陈氏宗祠沿中轴线依次为祠门、莲池、阁楼、中殿和大殿。祠门为牌坊式砖石结构，其前石狮一对，雕琢精湛；莲池上有三孔石桥，雕十二生肖图，其内建筑雕琢亦精。它是中国古典式回廊四合院建筑与民间吊脚楼建筑的完美结合；它的布局结构中透着智慧的灵气与精湛的技艺；它的雕饰与结构的简约、精当、色彩之协调，与整幢建筑作为一个宗祠的身份十分贴切，体现了宗祠建造者的十分优秀的内在品质。它的建筑主题是儒家思想观念与滇南侨民、本土民族建筑文化的紧密结合、体现与发扬，宗祠的礼仪与教化功能在新形势下得到了扩展与升华。保护传统的宗祠建筑，是时代的需要。

13. 人字桥

是由法国工程师鲍尔·波丁设计，于1907年3月10日动工，1908年12月6日竣工，历时1年零7个月。1998年被列为云南省重点文物保护单位。它位于屏边县北部湾塘乡倮姑与波渡箐站

四、文化丰厚的红河

之间(即和平乡瓦乍村委会五家寨西侧),桥坐东向西,为"桁肋式铰拱钢架桥",全用钢板、槽、角钢、铆钉连接而成,共由2万余组构件和铆钉铆制而成,而桥梁构件最大的不超过140千克。桥长64米,宽4.2米,高96米。人字桥上承网格式桁梁与"人"字形拱架组合一体,其建筑庄严肃穆,气势磅礴,仿佛一个顶天立地的巨人,展开双臂,推开双岭,叉开双腿,飞跨于两山绝壁之上,是世界铁路桥梁史上的杰作之一。人字桥之所以以"人"命名,说法有2种:一是桥架像一个从天而降的巨人分开双腿,用力跨于两绝

滇越铁路人字桥

壁之间，又上伸两只手撑起桥梁，让南来北往的列车顺利通行；二是相信巫术的法国老板为了使桥顺利修建，在支砌桥基时，活埋了一名患白化病的中国人，为纪念这名中国人，此桥建成后，附近的村民便称之为"人字桥"。人字桥虽是由法国工程师设计的，但它却是中国工人用血肉建筑而成的桥梁，它记载着帝国主义列强入侵我国后，给中华民族带来的沉重灾难和丧权辱国的惨痛教训。在修建人字桥时，死去的中国工人多达800余人。

据在世的老人讲，抗日战争时期，日本帝国主义曾多次派飞机轰炸人字桥，但所扔炮弹落在桥两端的山头上，无一枚落在桥上，因此，人字桥没有被炸毁。至今，人字桥主峰西面的山头上还留有多个当年日军飞机轰炸的弹坑。

14. 大围山原始森林公园

大围山原始森林公园属大围山山系，总面积4.4万公顷，距屏边县城3千米，地处北回归线以南。由于纬度偏低，年平均温度16.5℃，从最低海拔76.4米到最高海拔2365米，依次分布着湿润雨林、季节雨林、山地苔藓常绿阔叶林，是我

四、文化丰厚的红河

国大陆具有湿润雨林和热带山地森林垂直带系列最完整的地区，森林覆盖率达76.3%，植被类型有"季风常绿阔叶林""山地苔藓常绿阔叶林""竹林""灌丛""木杉林"5个群落，属热带、亚热带雨林生态类型。这里的森林植被没有遭到大陆冰川的直接影响，保存了许多古老珍稀濒危且特有的珍稀动植物。大围山至今保存的有记载的野生植物331科1539属4765种，野生动物35目111科555种，其中国家级珍稀濒危保护植物61种，国家重点保护野生动物58种、一级保护野生动物12种，屏边苏铁、多头桫椤、中华蜂猴、赤面猴堪称屏边四绝。大围山被誉为"科学家的乐园""动植物基因库"。蔡希陶、吴征镒、秦仁昌等科学家以及美、日、英等10多个国家的科学家都曾到

此考察过。2001年7月,大围山被列为国家级自然保护区。

15. 被誉为"滇南第一洞天"的缘狮洞

位于云南省蒙自市通往文山公路的左侧,距蒙自39千米,属鸣鹫苗族乡。缘狮洞是一个集儒、佛、道三教和中国民间的一些崇拜为一体,互相承认和融合的宗教圣地。此地有一位值得一提的官小名大的人物——曾在台湾任北路理番同知的曹士桂,这位曾在江西广昌、会昌、南昌等7个县任知县、被誉为"以实力办实效"的七品芝麻官,在台湾的历史上留下了浓墨重彩的一页。他的遗体运回了鸣鹫安葬。古代中国的各种宗教信

滇南第一洞天——缘狮洞

四、文化丰厚的红河

仰曾进行过激烈的争斗,结果是儒、佛、道三教和中国民间的一些崇拜互相承认和融合,在社会生活中往往并存不悖。缘狮洞从清朝乾隆初年修建,200多年来一直是这样的典范。缘狮洞的建筑从最低到最高,大大小小数十间宫、殿、堂、祠、阁、楼,分别供奉着儒、佛、道三教的佛、神、仙、英雄、祖先等近百驱。缘狮洞从山下到顶端共有123级台阶,其建筑群成一个繁体的"靈"字,构成洞外景观。它有6扇门,各长90厘米,宽32厘米,是人工精雕细凿而成,为罕见的珍品,其价值已值数十万元。缘狮洞不同于其他溶洞,它讲究浅尝即止,进洞10—20米即可。再往里,洞径收缩,狭窄难入,不知通何处。洞中景观奇特,有"虎帐香云""龙蓬冰雨"等天然景观,与洞外的"画桥烟柳""螺峰叠翠"等构成灵山八景。缘狮洞讲求"静"与"灵"的结合,"静"为其体,"灵"为其魂,组成一种意境。

16. 绿翠潭

地处蒙自县南部,位于蒙自市冷泉镇,距蒙蛮公路11千米,距蒙自城32千米、省会昆明321千米、是一个集地质、生态和民族风情为一体的亚热带原始观光与民族风情康体疗养度假旅游景区。绿翠潭亚热带自然风光旅游景区包括山地森林、湖泊、溪流、喀斯特岩溶溶洞以及当地彝族、苗族等多民族民间民俗景观。

绿翠潭景区包括水域景观和木梳坎大山亚热带自然植被景观两部分，面积约10平方千米。景区保护控制外围包括全长60千米的通山河流域和落水洞两大景观，总面积约100平方千米。绿翠潭位于红河与南盘江两大水系分水岭南侧海拔2106米的峰如梳篦的木梳坎大山半腰，所倚的木梳坎大山被亚热带原始次森林覆盖，古藤缠绕，奇树参天，形成群山抱碧玉的奇特景观。以此上行，人迹罕至，十里石崖，藤走峭壁，古藤在怪石上任意攀爬，随体附形，龙腾蛇舞，形成千姿百态的怪异图像。绿翠潭风景区的背景是亚热带原始次森林山地，木梳坎大山集中分布着600多公顷距今2亿多年前与恐龙共生的植物活化石——桫椤，系国家一级保护珍稀濒危植物；集中分布的约200公顷的红河苏铁、多岐苏铁，亦是国家珍稀保护植物；还有董棕树等多种热带标志植物。景区内分布着大小不同的溶洞景观，景象奇特，洞

四、文化丰厚的红河

中有洞，幽暗深邃。绿翠潭水域面积约为3500平方米，潭水深不可测，至清至纯，终年不涨不落，随天时变化呈不同的光影景象。一年之中偶有浊象，但也并非全浊，或一股或数条，数日后消失。当地山民将类似现象与人事相联系，说此象昭示人间有大事发生，数十年来屡试不爽。至今为止，水有多深，水从何而来往何处去，水中究竟有何物，仍然是一个难解之谜。

17. 碧色寨火车站

碧色寨火车站位于蒙自城北面10千米的草坝镇碧色寨村山梁上，居犁耙山东麓。宣统元年（1909年）4月13日滇越铁路铺轨至碧色寨，建碧色寨车站。宣统二年（1910年）滇越铁路全线

滇越铁路——碧色寨火车站

通车，逐渐繁荣起来，原为滇越铁路滇段一大站。民国十年（1921年）个碧铁路通车，碧色寨成为换装站，滇南进出口货物都由碧色寨中转，后成为个碧石铁路的终端站，滇越铁路与个碧石铁路的换装站，是帝国主义侵略中国及我国人民与侵略者抗争而修筑的最早且曾经"繁荣"一时的一个火车站。今为昆河线上一个小站，1987年12月21日被公布为云南省重点文物保护单位。比邻火车站有个小村庄，它先于火车站存在，原名叫"坡心"，却因一个法国驻蒙自的官员发现这里依山面海的美景，取名"碧色寨"，小村庄便因火车站而得名，并与之同名。滇越铁路的开通，使最初只有十几户人家的碧色寨，成为铁路线上的一个特等站，迅速成为一个异常繁忙的中转站及贸易集市，成为云南进出口贸易的重要集散地。从1910起的30多年时间，碧色寨一直扮演滇越铁路沿线第一大站的角色。等待运输出国的大锡、皮毛和大米装满了仓库、火车的汽笛声、搬运工的号子声昼夜不停，法、英、美、德、日本和希腊人接踵而至，纷纷在这里开设洋行、酒楼、百货公司、邮政局。每天有40余对列车在此经停，

四、文化丰厚的红河

拉人装货,洗车加水,热闹非凡;美女富商,洋酒咖啡,错落杂陈。其开放和繁华程度,在滇南一带无首屈一指,昆明人、越南人艳羡地将其称作"小巴黎"。

五、跨越发展的红河

"十三五"时期,是红河州与全国全省同步全面建成小康社会的决胜阶段,也是红河州加快发展的重要战略机遇期。当前和今后一个时期,机遇和挑战并存,机遇大于挑战,国内外环境总体对红河州发展有利。习总书记考察云南的重要讲话为云南的发展确立了新定位和新目标,省委、省政府对红河发展提出的新要求为红河发展指明了方向。随着国家"一带一路"倡议、长江经济带、区域精准脱贫等重大发展战略和重大政策的实施,云南面向南亚东南亚辐射中心、滇中城市经济圈以及五大基础设施网络建设等重大战略布局的推进,为红河跨越发展带来了重大机遇。经过长期以来的持续较快发展,全州经济总量有所壮大,基础设施瓶颈制约不断缓解,经济结构、产业体系、体制机制逐步完善,为"十三五"的发展奠

五、跨越发展的红河

定了良好基础。"十三五"时期,红河州将坚持"四个全面"的战略布局,坚持发展第一要务,坚持创新、协调、绿色、开放、共享的发展理念,全力融入滇中城市经济圈,努力成为全省面向东盟开放的重要交通枢纽、全省经济跨越式发展的战略支撑、全国30个少数民族自治州排头兵,确保与全国全省同步全面建成小康社会。

"十三五"时期全州经济社会发展的主要目标是:①经济发展方面。地区生产总值年均增长10%左右;地方一般公共财政预算收入年均增长8%;全员劳动生产率达到6.2万元/人;户籍人口城镇化率达到35%;服务业增加值占比达40%。②创新驱动方面。研发投入占GDP比重达到1.5%;战略性新兴产业占GDP比重达8%。③民生福祉方面。城镇常住居民人均可支配收入年均增长10%;农村常住居民人均可支配收入年均增长12%;九年义务教育巩固率达95%以上,高中阶段毛入学率达到90%;劳动年龄人口平均受教育年限达到10年,人均期望寿命达78岁;年新增城镇就业人数3.3万人;现行标准下71.65万贫困人口全部脱贫,贫困县乡全部摘帽;基本养老保险参保率达 95% 以上。④生态文明方面。耕地保有量保持在 59.95 万公顷左右；万元 GDP 用水量下降 30% 左右；单位生产总值能耗和主要污染物排放完成省级下达考核目标；森林覆盖率达到 55%；地表水质好于Ⅲ类水体比例达到 60%，劣Ⅴ类水体比例低于 10%。

为了实现这些目标，红河要抓好几个方面的工作。

（一）全力融入滇中城市经济圈，拓展区域发展空间

推进基础设施互联互通。构建连接滇中的现代综合交通运输体系和水资源保障体系。推进信息技术基础设施和公共信息平台的共建共享。建设区域性安全稳定的能源保障体系。加快产业融合发展。积极参与滇中地区资源配置、产业分工和市场竞争，统筹协调产业发展规划，推动与滇中地区在资源、资金、人才、科技等要素的流动和共享。探索培育北部滇中城市经济发展区，建立产业合作示范园，同构现代服务产业体系。协同推进共同市场建设。全面开放市场，构建区域统一的市场管理体制和服务体系，与滇中地区合

作建设跨合区,共同打造出口加工、转口贸易等外向型产业基地。加强金融合作,推进区域市场准入和资质互认。

推进基本公共服务和社会管理一体化发展。加强与滇中地区在社会各领域的交流合作。推进优质教育资源共享,建立医疗服务联运机制。加强社会保险配套政策对接,建立统一的就业服务信息化管理平台和人才资源网上配套平台。完善社会治理合作管理机制,推进区域应急管理平台建设。统筹城乡建设协调发展。加强与滇中地区在城镇体系规划、城市总体规划等方面的衔接,承接滇中城市对我州城镇建设的辐射带动,统筹城市规划、设计、建设和管理,推进我州与滇中地区大中小城市、小城镇及村庄的协调发展。

(二)夯实跨越发展基础,打好"五网"建设大会战

加快建设现代综合交通网。公路建设重点是建成蒙自绕城、蒙文砚、泸西至弥勒等高速公路。开工建设元江至蔓耗、元阳至绿春、蔓耗至金平、蒙自至屏边、个旧至元阳南部高速以及石林至泸西、召夸至泸西、弥勒至玉溪高速公路,开展建水至元阳、河口至马关等高速公路项目前期工作,到2020年,力争全州高速公路通车里程达1100千米。继续推进国、省道升级改造和县乡公路、农村公路建设;轨道交通建设重点建成滇南中心城市现代有轨电车示范线和云桂铁路(红河段),加快弥蒙铁路建设,实施弥勒、建水轨道交通项目,推进师(宗)泸(西)弥(勒)铁路、文山至蒙自至普洱沿边铁路、建水至新平铁路前期工作;建成红河蒙自机场和元阳哈尼梯田机场,推进建水、红河、弥勒等通用航空前期工作。推进中越红河界河航运综合建设工程及红河港建设。构建安全可靠的水资源保障网。加快推进滇中引水、蒙开个地区河库连通、小路南提水等工程。新建、扩建平海子、大田等68座重点水源工程。全面实施农村饮水安全巩固提升、"五小水利"等民生水利项目。推进大型灌区等农田水利配套基础设施建设,大力推广节水灌溉农业。实施一批界河治理工程。建设绿色低碳的能源保障网。加速推进城乡电网改造升级,提高输电效率、安全保障和智能化水平。改造提升火电,有序开发中小水电,积极发展风能、太阳能、生物质能等清洁能源,力争2020年全州电力总装机达850万千瓦以上。构建成品油、天然气储运体系,建成中石油、中石化两条成品油管道,加快境内天然气管道支线建设。建设共享高效的信息网。加快"互联网+"和"智慧红河"建设,实施城市宽带互联网改造提升、"宽带乡村"和移动宽带网络覆盖等工程,持续提高4G网络、互联网、物联网的覆盖率,适时推进5G网络建设。推动工业化与信息化的深度融合,建立跨境电子商务服务平台,提高文化旅游、科教医疗、金融保险、商业服务等领域的信息化运用水平。构建功能完善的城乡基础设施体系。加快推进城市交通、通信、供水供电供气、污水垃圾处理、防灾减灾、公共绿地等城镇基础设施建设,推进以地下管廊、海绵城市建设为重点的地下空间利用开发。加快以饮水安全、道路交通、集贸市场、"两污"处理等为重点的农村基础设施建设。

(三)大力发展高原特色现代农业,构建现代农业产业体系

推进高原特色农业提质增效。持续推进北部百万公顷高原特色现代农业示范区建设,加快南

部地区山区综合开发。以基础设施建设、产业结构调整为重点,积极推进农业标准化、信息化、集约化和设施化建设,藏粮于地、藏粮于技,保障粮食安全。加快粮经饲统筹、种养加结合,推动农业与第二、第三产业融合,延伸农业产业链和价值链,加快发展农产品精深加工业,打造农产品品牌。加快培育新型农业经营主体。鼓励和引导工商资本进入农业领域,大力培育农业庄园、龙头企业、农民专业合作社、家庭农场、种养大户,建设"龙头企业+合作社+农户+社会化服务"的新型农业经营体系。规范土地流转,发展农业适度规模经营。开展多种形式的农民技术培训,加快培养新型职业农民。完善农业社会化服务体系。加强农业公共服务体系、新型农业科技推广运用体系和农机社会化服务体系建设,建立农业信息服务基础设施平台,健全农产品质量全程追溯体系,着力构建集农村产权流转交易、农产品现货交易和农产品期货交易"三位一体"的农产品市场体系。创新农产品流通方式,加快农产品集散地市场、区域性国际农产品批发市场、物流中心和农产品电子商务平台等建设。

(四)突出"两型三化",构建工业发展新体系

加快传统产业转型升级。按照"开放型、创新型和高端化、信息化、绿色化"的要求,以创新驱动推进结构调整,延伸产业链条,提升产品标准和质量,推进实施红河卷烟厂异地技改等一批标志性项目,促进烟草及配套、冶金及精深加工、精细化工、能源、矿山和建筑建材等传统工业转型升级。着力培育新兴产业。全面实施"红河制造2025",大力培育新能源、新材料、装备制造、生物医药、绿色食品加工、节能环保、电子信息、智能制造等新兴产业。创新产业园区发展模式。突出区域特色,优化产业布局,狠抓园区平台建设,科学定位和布局各产业园区的功能。加强园区间互动互补,促进园区开发建设与城镇化的融合发展。扩大园区招商引资,拓展"飞地"经济运用,促进多层次的"产业园、企业园、创业园"竞相发展。提高科技创新能力。加快创新型红河建设,完善创新体系,建立技术创新市场导向机制,实施"红河科技创新能力增强计划",推进一批重大科技专项,鼓励企业加大研发投入,推进科研

组织、技术创新和成果转化,全面提升企业自主创新能力,力争全州科技进步贡献率达到50%。

(五)大力发展第三产业,促进现代服务业稳步提升

推进旅游融合发展。促进旅游与文化、农业、工业等各行各业的融合发展,加快昆玉红旅游文化产业经济带建设,打造"云上梯田·梦想红河"旅游品牌,擦亮"三千四百年"历史文化名片。实施一批旅游基础设施建设,建设一批文化产业示范园区和民族特色文化产业基地,扶持培育一批文化示范企业,创建元阳哈尼梯田、建水临安古城国家5A级景区,新增一批4A级景区,打造弥勒生态休闲旅游度假区和中越跨境旅游区,努力成为云南旅游新方向。大力发展现代物流业。构建"四枢纽一节点"(蒙自、开远、建水、弥勒和河口)的区域物流体系,规划建设一批大宗特色产品批发市场和仓储物流园区,发展冷链物流、保税物流和各种专用运输,引进和培育一批具有国际竞争力的现代物流企业。积极发展现代金融业。构建多元化、开放型的现代金融体系,大力发展国际金融、产业金融、基础设施金融、

五、跨越发展的红河

科技金融和普惠金融,支持和鼓励金融中介、股权投资、融资租赁等金融企业发展。拓展生产性和生活性服务业。巩固提升交通运输、餐饮住宿、批发零售等传统服务业,推进体育健身、居家养老、会展服务、文化创意等业态发展,加快发展城乡社区服务业。拓展电子商务应用领域,建立健全电子商务支撑体系,支持第三方电子商务与交易服务平台建设。

(六)坚持统筹发展,构筑协调发展新格局

优化区域发展布局。完善规划管理制度,逐步实行土地利用、城乡发展、产业布局、综合交通、生态环保"五规合一",构建州域"一核"(滇南中心城市)、"两区"(北部滇中城市经济成长区、南部山区综合开发区)、"三带"(昆河经济走廊开发开放带、沿边经济开放开发带和红河谷热区经济开发带)的发展空间布局。统筹南北协调发展。完善资源共享和利益补偿机制,建立南北相互促进、优势互补的互动机制。完善财政转移支付制度,深入实施兴边富民工程,加大政策支持,培植特色产业群,改善基础设施,强化生态环境保护,增强南部地区后发动力。统筹城乡一体化发展。加强城市工作,创新城市建设管理新模式,不断提升城市环境质量、人民生活质量和城市竞争力。完善体制机制,促进城乡公共资源配置,推进基础设施向农村延伸,公共服务向农村拓展,资源要素向农村倾斜,现代文明向农村辐射。加快建立统一的城乡医保、养老等社会保险制度。促进有稳定就业和收入的农业转移人口举家进城落户,探索建立由政、企、个人共同参与的农业转移人口市民化成本分担机制。促进各民族和谐发展。大力推进民族团结进步边疆繁荣稳定示范州建设,完善民族团结目标管理,巩固少数民族和民族地区经济发展基础,实施"十大示范"工程和改善沿边群众生产生活条件三年行动计划,加大特困民族和人口较少民族扶持力度。深入开展爱民固边、双拥共建等活动。推动物质文明和精神文明协调发展。培育和践行社会主义核心价值观,实施公民道德素质提升工程,加强思想道德建设,弘扬向上向善、诚信互助的中华民族传统美德,培育社会公德、职业道德、家庭美德和个人品德。推进志愿服务经常化,广泛开展文明城市、文明村镇、文明单位等群众性精神文明创建活动。增强国家意识和法治意识、社会责任意识,引导公民树立正确的价值取向。

(七)深化重点领域改革,释放体制机制新活力

深化经济体制改革。加快建立统一开放的市场体系,大力发展要素市场。加强供给侧结构性改革,扩大有效供给,增强供给结构的适应性和灵活性,提高供给质量和效率。深化预算制度、国有资产管理等财税体制改革,推进投融资、金融、生态文明体制等改革,推进产业园区管理体制改革,引导民营企业建立现代企业制度。深入推进农村综合改革。持续推进农村产权确权登记颁证工作,探索建立覆盖全州的农村产权交易市场,推进以农村产权抵押为重点的"三农"金融服务创新,扩大农业保险覆盖范围。积极探索农村集体经营性建设用地与国有土地同等入市、同权同价改革,建立城乡统一的建设用地市场。健全村级集体资产管理制度,引导发展农民股份合作。稳步推进以村民小组或以自然村为基本单元的村民自治试点改革。深化行政管理体制改革。进一步转变政府职能,坚持简政放权、放管结合、优

化服务。深化审批制度改革,全面推行权力清单、责任清单、负面清单制度。深入推进教育、医药卫生、民生保障等领域的改革,加快公共服务社会化、信息资源共享、综合监管执法和社会征信体系的建设。完善政府绩效评价评估和考核机制。有序推进行政区划改革。

(八)坚持开放发展,充分挖掘对外开放潜力

推进开放大通道建设。加快构建内连滇中、两广、大西南,外接越南老街延伸至河内、海防的综合交通体系,推进能源管网、物流通道和通信设施建设,完善河口、金水河口岸基础设施,加速与周边国家和地区实现互联互通。增强三大平台的功能和作用。蒙自经济技术开发区重点围绕转型升级和创新驱动,打造产业集群,培育新兴产业,加快冶金产业链的延伸,大力发展装备制造业。红河综合保税区重点推动网内网外产业配套一体化发展,大力发展大宗商品交易、分销服务、物流配送、金融保险、电子信息产业。中越河口—老街跨境经济合作区重点推进围网区内基础设施建设,完善河口口岸配套基础设施,推

五、跨越发展的红河

进河口坝洒加工产业园、北山物流园、山腰物流园建设,加快发展进出口加工、跨境商务、国际金融、现代物流等产业。大力发展外向型经济。完善合作机制,务实拓展内外合作,主动承接产业转移,加快培育一批出口基地、质量安全示范基地和出口加工龙头企业。优化出口产业结构,推进一般贸易、转口贸易、加工贸易、服务贸易和边境小额贸易协调发展。支持企业加快技术创新和产品研发,扩大出口商品种类,增强市场竞争力。推进国际产能合作,鼓励州内企业"走出去"。

推进口岸规范化建设。健全完善口岸管理机制,推进河口、金水河口岸通关便利化建设,争取国家批准设立绿春平河口岸,积极争取将河口口岸申报为长江经济带海关区域通关一体化改革试点。

(九)坚持绿色发展理念,加强生态文明建设

突出生态保护建设。坚持"保护优先",深入实施区域生态保护与恢复行动和城乡环境提升行动,落实主体功能区规划,持续推进森林红河建设,深入实施天然林资源保护、防护林体系建

设以及退耕还林、低效林改造、城乡绿化等工程,加强林业"三防体系"建设,力争全州森林蓄积量达到1亿立方米。在13个县市城市区规划范围内至少建设一个森林公园或湿地公园。严格饮用水源地和农产品基地环境保护。大力开发农村清洁能源,推进生物多样性保护,加强地质灾害隐患治理。推进资源集约节约利用。坚持"发展优化",大力推进循环发展、低碳发展和绿色发展。提升矿产资源综合利用水平,发展节能环保产业;调整优化能源结构,推进节能改造、节能产品惠民、合同能源管理推广等工程建设;加强建设用地空间管制,推行节地型和紧凑型城镇更新改造,开展耕地分类分级保护和有偿保护试点;严守水资源"开发利用控制、用水效率控制、水功能区限制纳污"三条红线,推进工业循环用水、农业节水灌溉、再生水利用等重点节水工程。加大环境污染治理力度。加快城乡"两污"收集和集中处理设施建设,开展农村环境连片综合整治。加速淘汰落后产能,合理控制能源消耗总量,降低能源消耗和污染物排放强度。推进农村面源污染治理,加强重金属污染和主要河流及重点湖库水污染综合防治,确保异龙湖水质 3 年内摘除劣 V 类帽子。实施大气污染防治行动计划,力争蒙自城市空气质量优良天数比率达到 93.5%。加快固体废物特别是危险废物集中处置设施建设。

(十)奋力推进脱贫攻坚,如期实现全面脱贫

实施区域精准开发战略。聚焦滇西边境、石漠化两大片区,以南部地区、北部山区为主战场,通盘考虑边境地区、革命老区、人口较少民族聚居区脱贫发展,全力推进集中连片特殊困难地区区域发展与脱贫攻坚。全面加快基础设施、产业扶贫、民生保障、公共服务、生态建设与环境保护等工程建设,促进片区全面发展,稳步解决贫困区域整体贫困问题。实施精准扶贫、精准脱贫基本方略。瞄准建档立卡贫困人口,深入实施"整乡推进""整村推进""金融扶贫""雨露计划""扶贫安居""产业扶贫"等专项扶贫工程。确保发展生产脱贫 22.62 万人、易地搬迁脱贫 12.76 万人、生态补偿脱贫 11.21 万人、发展教育及培训就业脱贫 7.47 万人、社会保障兜底脱贫 17.59 万人。创新脱贫攻坚体制机制。构建"州级统筹、县市负责、乡镇落实"的扶贫开发工作机制,加快搭建社会参与扶贫开发平台,完善定点帮扶和上海对口帮扶机制,深入开展"挂包帮""转走访"工作。完善农村扶贫开发信息系统,建立年度脱贫攻坚报告和督察制度,改进贫困识别、动态监测、评估考核和退出机制。

(十一)持续增进民生福祉,确保社会和谐稳定

提高城乡居民收入。完善城乡居民收入稳定增长机制,提高基础养老金和企业退休人员基本养老金,逐步提高最低工资标准,稳步提高机关事业单位人员收入水平。深化农村产权制度改革,增加农民财产性收入,深入落实各项支农惠农强农政策,降低农业生产成本,多渠道增加农民经营性收入、转移性收入和工资性收入。积极促进就业创业。加快推进大众创业、万众创新,实施高校毕业生就业促进计划和创业引领计划、农民工职业技能提升计划,建立健全职业教育培训制度,打造一批就业示范区、创业就业示范村、青年创业示范园和巾帼创新创业示范园。强化失业人员再就业和就业困难群体的帮扶工作。提高社

五、跨越发展的红河

会保障水平。统筹推进城乡社会保险制度改革，不断扩大社会保险覆盖面。健全社会福利制度，支持发展慈善事业，完善城乡最低生活保障制度，加大对弱势群体的救助力度，加强防灾减灾救灾体系建设，强化安全监管，严密防范事故灾难、公共卫生、食品安全、社会安全等各类重特大事件的发生。改善城乡居民居住条件。推进城镇棚户区改造、保障性住房建设，实施易地扶贫搬迁、农村危房改造和地震安居工程，不断改善城乡人居环境。建成城镇保障性住房9.56万套，农村安居工程20万户。加强人才培育和引进。坚持引进与培育相结合，加快建立健全人才流动、配置、评价和激励等机制，积极引进与培养科技、卫生、教育、文化等领域的领军人才、技术带头人及创新团队。重视人才创新能力培养，支持和鼓励用人单位加强对高层次人才的进修与培训，加快组建一批创新实践基地。

优先发展教育事业。深入实施教育事业振兴金秋计划，推动义务教育均衡发展，普及高中阶段教育，全面加强职业教育，普及和提升学前教育。支持红河学院转型发展，推进红河卫生职业学院内涵发展,规范民办教育发展,完善教师培养培训体系,加快推进基本公共教育服务均等化。提升全民健康水平。加快实施健康红河行动计划,完善医疗服务体系,优化医疗资源配置,促进医疗资源向基层、农村流动,加强以全科医生为重点的基层医疗卫生人才队伍建设。加快建设以滇南中心医院为标志的区域性医疗中心,加强基层医疗卫生服务体系建设,鼓励社会资本办医,支持民营医院发展。大力发展中医事业,加强基层中医药服务机构和能力建设。稳步发展人口计生事业,落实"两孩"政策,促进人口长期均衡发展。发展文化体育事业。深入实施文化建设"1046"春天工程,加快公共文化服务体系和全民健身网络建设,建成一批县乡村文化体育设施。加大民族精品创作,加强文化遗产保护,推进广播电视城乡一体化覆盖工程建设,广泛开展全民健身活动。深入推进依法行政。全面建设法治政府。健全普法宣传教育机制,深入推进普法和依法治州工作。依法管理宗教事务,确保宗教领域稳定和谐。着力加强和创新社会治理,强化社会矛盾的预防、预警和化解,完善社会利益协调和矛盾纠

五、跨越发展的红河

纷调处机制。深入推进社会治安综合治理，完善防控维稳机制，强化边境地区社会管控，着力建设平安红河。

在州委、州政府的坚强领导下，红河的发展取得了巨大的成就。在"十三五"期间，全州13县市将发挥优势，实现自身的跨越发展。

1. 蒙自市——建设好国家门户

"十三五"时期，蒙自市将按照中央"四个全面"的战略布局和关于云南发展的"三大定位"，省委、省政府建设滇南中心城市核心区的战略部署，州委、州政府"融入滇中、联动南北、开放发展"的战略，全面落实市二届五次党代会的决策部署，紧扣"滇南中心·国家门户"的战略主题，围绕"山水田园·宜居蒙自"的城市定位，充分发挥蒙自市区位优势，紧紧抓住中国建设"一带一路"的重大机遇，将蒙自市建设成云南乃至中国面向南亚、东南亚开发的前沿和区域枢纽中心。

坚持依靠投资拉动经济增长、增强发展后劲，着力建好资金池、优化投资结构，提高投资有效性和精准度，谋划和实施一批重大基础设施项目，储备项目规划投资总额3227亿元。打好"综合交通"战役,建成蒙自绕城、蒙文砚高速公路,配合推进弥蒙铁路和红河蒙自机场建设,启动蒙文铁路、蒙屏高速公路、蒙文二级公路等项目建设,打通连接滇中和通江达海的快速通道。加快建设交通枢纽和节点,合理布局客货运站点,建成蒙自城区东、南、西、北4个一级汽车客运站。实施农村公路通畅通达工程,提高农村路网密度和等级,力争到2020年自然村通村公路硬化率达100%,使蒙自真正成为云南面向南亚、东南亚开放的前沿和枢纽。坚持开放发展理念,更好地融入和服务"一带一路"、长江经济带等国家战略,推动与沿线地区交通基础设施互联互通,拓展与区域重要节点城市的合作,加大招商引资工作力度,形成人流、物流、资金流、信息流聚集蒙自的"洼地效益"。

2. 个旧市——实现老工业基地的转型升级

"十三五"期间,个旧市将紧紧围绕云南省"推动民族团结进步示范区、生态文明建设排头兵、面向南亚东南亚辐射中心建设"和红河州"全面融入滇中城市经济圈,努力成为全省面向东盟开放的重要交通枢纽、全省经济跨越式发展的战

五、跨越发展的红河

略支撑、全国少数民族自治州排头兵"的战略目标,按照"融入滇中、联动南北、开放发展"的工作要求,以资源型城市转型为主线,着力升级传统产业、培育新兴产业,着力提升个旧老城、建设大屯新城,促进三产融合、双城联动,努力实现个旧新一轮深层次高质量的产城融合发展,力争"十三五"期间在全省129个县市区中率先实现跨越发展。"十三五"时期个旧经济社会发展,要主动适应新常态,贯彻发展新理念,坚持发展第一要务,坚持以人为本,坚持城市转型,紧紧围绕全面建成小康社会目标,把个旧建设成为全省高原特色农业示范、产业转型升级示范、文化旅游融合发展示范、沿边开放开发示范、民族团结进步示范突出产业发展,构筑转型升级新路径。以产业转型实现经济转型,全面实施产业转型"211"工程,加快淘汰落后产能,巩固和提升传统有色金属产业品牌和质量,加快推动传统产业改造升级,积极探索资源型产业的绿色转型之路。加强新兴产业培育力度,重点培育发展生物资源加工、新能源、新材料、装备制造、电子信息等产业,壮大生物医药加工和食品加工业,使新兴产业成为个旧可持续发展的驱动力。发展高原特色现代农业,进一步优化农产品精深加工业,培育拓宽农产品流通渠道,建立农业科技创新体系,推动特色农业向产业化、现代化、规模化、信息化发展。不断推动生产性、生活性服务业向全领域高品质发展,发展壮大以个旧红河谷为引爆点的特色休闲旅游产业,推动现代服务业上规模、上水平。到2020年,实现新兴产业总产值达100亿元以上,力争第三产业增加值达140亿元,占全市地区生产总值比例达42%。

突出创新驱动,提高科技含量。以技术标准升级推动产业转型。将创新发展放在突出位置,加快形成促进创新体制机制。以创新提升传统优势,以创新实现"个旧制造",以创新引领产业方向,使"传统+制造+创新"成为未来个旧经济社会发展的主驱动。加快各类创新要素聚集,培育发展高新技术产业和新兴产业,承载高新技术成果转化,推动高新技术产业集群发展,做强做大做精园区高新技术企业。到2020年,力争将个旧特色工业园区创建成为国家级高新技术产业开发区。强化科技支撑产业转型,积极打造各类

五、跨越发展的红河

合作创新平台,推动发展主要依靠要素驱动、投资驱动向创新驱动转变。拓展网络经济空间,实施"互联网+"行动计划,促进互联网和经济社会融合发展。实施人才强市战略,制定人才引进政策,吸引国内外优秀科技人才为个旧转型发展服务。

3.开远市——城乡统筹发展

"十三五"时期,开远市将按照"工业强市、农业稳市、商贸活市、生态立市"的发展思路,聚焦转型升级和跨越发展,创新工作机制,努力把开远打造成城乡协调发展的城市,建成文明和谐的幸福开远,确保与全国、全省、全州同步全面建成小康社会。

坚持把"三农"工作作为全面建成小康社会的重中之重,转变农业发展方式,加快农业向现代化迈进。走规模化种养殖与农产品、生物产业精深加工"双轮驱动"之路,促进农业"接二连三"融合发展,提高农业生产经营效益。①基础设施:增加农田路网和农电到田覆盖面积。大力推进土地整治、中低产田改造和高标准农田建设,严格落实耕地及基本农田保护目标责任制,提高耕地质量。配合做好滇中调水工程，重点实施泸江水库、阿得邑水库等骨干水源和农村人饮安全巩固提升工程，推广山区五小水利建设"碑格模式"，加快乡镇标准水管站建设，提高水利化程度。②智慧农业：加强农业科技推广服务体系建设，提高农民科技素质和农业科技含量。加快农业标准化和信息化建设，制定甜脆藠头等开远特色农产品标准化体系，加强地理标志特色农产品保护，打造"开远标准"，提升"开远质量"。推动"互联网+"、智慧物流与传统农业深度融合，大力推广远程控制、智能管理、安全溯源、信息服务等智慧技术，构建智慧型现代农业生产经营体系。③生态农业：围绕"六张名片"，突出产销衔接，大力发展具有开远特色的无公害、绿色、有机农产品，打好"生态牌"，走好"绿色路"。加大农业环境保护与监测，加强土壤污染防治，减少农业面源污染，实现生态农产品产销良性循环，走产出高效、产品安全、资源节约、环境友好的生态农业之路。④新型农业：构筑农业产业化格局，延伸农产品产业链，壮大新型农业经营主体，构建集约化、专业化、组织化、社会化相结合的新型农业经营体系。引进农业龙头企业,引导社会资本进入农业产业,推进规模化种养殖业,打造集休闲、观光、农事体验为一体的高品质农业庄园;着力发展农产品深加工,建设云南省重要的禽蛋产业化生产基地和牛肉食品加工供应基地。

4. 弥勒市——康体旅游新城

未来五年,弥勒市将发挥交通便利、气候优越的优势,最大限度地整合并激活县域内文化、生态等优质资源,着力构建休闲度假旅游产品体系,把旅游业发展成为弥勒市战略性支柱产业。要以整合资源、融合发展、延伸产业链为重点,走差异化发展道路,打破一、二、三产业界限,重点开发红河水乡、锦屏山风景区、云南红酒庄、可邑小镇等景区景点,重点推进红河东风韵庄园旅游文化综合项目、锦屏后海、吉成生态健康综合体、航空小镇、湖泉·温泉水世界、大型游乐场等项目建设,抓好烟厂、复烤厂两个片区改造和弥勒大道滨河景观带建设,不断创新和推出旅游新业态,全力打造休闲度假、康体养生、佛教文化、民俗体验、生态观光"五大品牌"。要高起点规划建设弥勒旅游环线,高标准打造"串珠成链"的精品旅游线路,并用现代旅游城市的形象设计指导城市规划建设,推进城市景区化,不断提升旅游城市品位,呈献给游客完美的"福地灵"文化体验。要全面推进旅游服务标准化、规范化建设,高标准建设游客服务中心和旅游标识系统,新建一批国际化高星级度假酒店,努力创建1个国家5A级旅游景区和3个国家4A级旅游景区,提升旅游接待服务水平,营造浓厚的旅游城市氛围。要大力实施旅游营销战略,对弥勒旅游新形象进行总体策划和包装,从高端入手推介弥勒休闲度假旅游,打响"养生福地·快乐弥勒"亮丽品牌,努力把弥勒建设成为国际知名、国内高端、云南一流的休闲度假旅游胜地。

5. 建水县——文化旅游深度融合

未来五年,建水县将以打造"两个千年"名片为重点发展旅游产业,引领带动第三产业提质增效。①抓好古城保护恢复。完成《临安古城创建国家5A级旅游景区综合提升方案》《临安古城修建性详细规划》《临安古城业态策划》等规划编制报审工作;完成临安府衙、武庙、玉皇阁、城隍庙恢复重建主体工程,重点推进崇正书院、

五、跨越发展的红河

指林寺传统风貌保护与恢复等项目建设。②发展壮大紫陶产业。完成《建水县紫陶文化产业发展规划》编制,加强陶土资源保护与开发利用。加大宣传推介力度,搭建建水紫陶展示平台,营造"中国紫陶之都"文化氛围。启动建水紫陶历史文化脉络梳理和紫陶博物馆申报前期工作。推进紫陶文化创意园建设,启动龙窑生态城规划建设,加快文化内涵填充。在传统制陶工艺流程中引入智能工艺,推动工艺品制作等产业快速发展。整合优惠政策扶持骨干企业发展,培育一批名企、名师。③加快旅游产业升级。完成碗窑村游客服务中心建设,启动老火车站、朱家花园游客服务中心建设,推进北正街、桂林街等4条历史街区综合提升工程,进一步完善宾馆酒店、停车场、信息网络平台等配套设施,加强服务体系建设,提升旅游接待综合水平。启动"智慧建水"旅游营销系统建设,通过组织参加营销推介、举办孔子文化节等活动提高建水旅游知名度和品牌影响力。深入挖掘紫陶、儒家、居家、市井四大门类文化资源,积极探索"十大院落"运营模式,不断提升碗窑村旅游品质,创新紫陶街经营模式,提高文化旅游产品开发创意水平,促进旅游产业转型升级。着力发展现代服务业。以文化旅游业为引领,加快互联网与第三产业融合发展,巩固提升交通运输、餐饮住宿、批发零售等传统服务业,大力发展居家养老、金融商贸等产业,持续提升第三产业增加值在经济总量中的比重。

6. 屏边县——打造绿色生态小城

"十三五"时期,屏边县将突出"保护优先、发展优化、治污有效"的工作要求,扎实抓好生态文明建设。积极谋划建设森林公园和湿地公园。加大耕地保护、开发与执法力度,严厉打击违法违规用地行为,确保耕地保有量不低于4.13万公顷。推进新现河、南溪河等小流域综合治理,新增水土保持与生态修复综合治理面积85平方千米以上。完善探矿权和采矿权申请、审批等各环节管理制度,延长矿产开发产业链条。加强大气污染、水污染、城区噪音污染、农村污染防治,提高环境监管水平。到2020年,力争县城污水处理率达95%以上,所有乡镇基本具备污水收集处理能力,污水处理率达60%以上;创建国家卫生乡镇1个,省、州级卫生乡镇比例提高到100%,省级

卫生村比例提高到40%，州级卫生村比例提高到60%；80%的乡镇创建为国家级生态乡镇，80%的自然村创建为国家级生态文明村。实施森林抚育2.06万公顷、低效林改造0.77万公顷、荒山造林0.133万公顷、新一轮退耕还林0.188万公顷、封山育林0.5万公顷、石漠化综合治理0.55万公顷、陡坡地生态治理0.17万公顷，全县生态环境质量不断改善。完成太阳能推广1.25万台、太阳能路灯安装1万套、农村能源沼气服务网点50个、节柴改灶1万户。将屏边打造成具有浓郁民族特色的绿色生态县城。

7. 石屏县——实现产业协调发展

石屏县在"十三五"期间的工作重点是，着力抓好产业融合发展。科学编制《石屏县农业发展规划》《石屏县豆制品产业发展规划》《石屏县旅游发展规划》，推动工业化、信息化、农业现代化深度融合。加快现代农业发展步伐。快速推进农业结构战略性调整，加大农业综合开发投入，规范有序推动农村土地流转，着力培育壮大新型农业经营主体，大力发展生态农业、经济林果、农业循环经济，高效推进1.2万公顷高原特色农业示范区建设,实现农业标准化、规模化、集约化和设施化生产。加快发展新型工业。深入推进"创五十进百亿工业跨越发展计划",重点发展原生态健康食品、泥炭综合开发、生物制品,推进工业化与农业现代化的深度融合、联动发展。依托园区建设,着力推动豆制品为主,杨梅、火龙果、甘蔗等特优水果深加工为辅的农特产品加工业提质增效、创优拓市。集中力量推动风能、太阳能等新能源产业规模化发展。持续推进以旅游为主导的第三产业融合发展。优先发展节能环保、现代物流等生产性服务业;加快发展旅游休闲、健康养老、家庭服务等生活性服务业;扶持电商平台,发展分享经济,加快推进新一代信息技术与经济社会各领域深度融合。全方位融入昆玉红旅游文化产业经济带,主动融入红河州文化建设春天工程、"三千四百年"红河旅游名片和"古城韵"旅游发展大局之中,围绕石屏、建水"一湖两城"历史文化遗产保护廊道,挖掘文化宝藏,依托旅游项目,整合资源,激活"古城韵、湿地缘、花腰情、美食怡"四大元素,开发培育自然风光游览区、民族风情体验区、历史文化展示区、观光农业示范区和以豆制品生产为主的特色美食文化体验区,重点推进异龙湖5A级景区、石屏古城创A级景区和北部山区旅游综合体建设,将石屏建成云南省重要的旅游目的地。

8. 元阳县——建设梯田文化旅游示范区

元阳县在"十三五"时期,将紧紧抓住哈尼梯田申报成为世界文化遗产的重大机遇,精准发力,苦干实干,将元阳建成南部率先实现跨越发展县、南部交通枢纽、全国哈尼梯田文化旅游知名品牌创建示范区。成功申报国家5A级旅游景区,筹建完成"全国哈尼梯田文化旅游知名品牌创建示范区"。"十三五"末,接待游客400万人次以上,旅游总收入36亿元以上。推进旅游设施提升工程,全面实施哈尼梯田保护提升三年行动计划,重点建设旅游集镇、特色村庄、景区设施、高端休闲度假酒店等基础设施,加快新街、胜村旅游小镇建设,完成遗产区42个传统村落改造工程,实施爱五、胜石等旅游线路提质改造项目,游客集散中心项目投入使用,完善景区停车场、观景台、旅游公厕等配套设施。推进旅游产品开发工程,深入挖掘"节、宴、歌、舞"等民族文化资源,重点打造长街宴、矻扎扎、火把节等特色节庆品牌,实现"哈尼古歌""大型稻作农耕文化"常态化演出,提档升级哈尼梯田国际摄影双年展和哈尼梯田文化旅游节,开发徒步、探险、自行车等旅游精品线路。推进乡村旅游打造工程,重点打造箐口农耕文化展示基地、大鱼塘哈尼饮食文化展示基地、阿者科和垭口哈尼古村落深度体验区,完成1个民族特色乡、13个民族特色村建设,发展农家客栈、农家乐100家以上。推进智慧旅游提档工程,依托"互联网+旅游"模式,完善智慧旅游管理体系,建立旅游综合服务平台,为游客提供便捷高效的服务。加快发展与梯田文化旅游的服务业。以产业信息融合、货物快速集散、服务平台建设为目标,搭建"电子商务、互联网、大数据、物流、融资、中介"6大平台,建成"数据管理、电商服务、新型媒体、网络平台"4大中心,完成物流配送、农业生产资料配送、大牲畜交易等物流中心项目,力争将元阳建成红河州南部农特产品交易中心。

9. 红河县——建设热区产业示范带

红河县在未来5年,将依托红河谷丰富的热

五、跨越发展的红河

区自然资源和交通便利条件，完善基础设施，大力发展绿色生态种植业和畜牧业，加快农业龙头产业园区建设，建设热区产业示范带。重点加强红河谷2万公顷热区扶持开发。完成阿底坡、大水塘片区水、路基础设施建设和土地流转、招商引资工作。种植杧果0.1万公顷，火龙果566.67公顷，蔬菜0.4万公顷，启动红河谷水果批发商场、红河县优质畜系列产品加工厂建设。强化与云南农业大学政校合作，建立"蜜妥红河谷"果蔬、畜禽产品品牌标准化体系，开展全产业链策划营销活动，实现热区科技成果尽快转化应用到市场。继续加强规模化现代经营主体培育，扶持发展连片66.67公顷以上种植大户5户，集中养殖500头以上养殖大户5户，有序配套完善现有规模种养殖大户基础设施，启动库博农业肉牛养殖场、九牧牧业肉牛养殖场建设，热区综合开发产值力争突破6亿元。加快全海拔山区综合开发，完成粮食播种面积2.37万公顷、种植商品林0.2万公顷，发展"稻+鱼+鸭"生态种养模式0.28万公顷，冬春稻田养鱼总面积0.9万公顷。扶持红枫公司1.6万头母猪繁育基地建设，确保20万头生

· 237 ·

猪养殖计划顺利实施。实现生猪出栏 61 万头、肉牛出栏 4.7 万头、肉羊出栏 5.3 万只,肉类总产量 5.7 万吨。

继续加强生物中草药产业扶持开发。积极推动生物中草药产业扶持开发,确保热带水果原汁及饮料生产项目、棕原料加工生产线项目尽快落地开工,争取葛根系列产品加工生产线(第一期)项目年内纳规。生物中草药提取中心项目年内建成试投产。大力发展生物中草药种植,完成 666.67 公顷丹参、666.67 公顷板蓝根种植。

10. 金平县——打造生态旅游的世界级景点

在"十三五"期间,金平县将以文旅融合为主导,促进三大产业发展提速,重点依托世界蝴蝶种类最多的地区——"中国·红河蝴蝶谷",结合分水岭国家级自然保护区、哈尼梯田风光等丰富的旅游资源和民族文化,以金水河口岸为核心,打造金平至越南莱州、奠边府、老街省至河口跨境旅游环线,使金平成为红河州主要旅游大通道和独具魅力的旅游目的地,打造生态旅游的世界级景点;推动非物质文化遗产与旅游发展相融合,开发一批特色旅游产品,延伸旅游产业链。

大力改造提升培育壮大商贸物流产业,加快发展现代服务业。到 2020 年全面完成金水河口岸和多条通道及"十三五"规划互市点基础设施建设,逐步形成以金水河口岸为中心的"一口岸、多通道"发展格局。力争实现对外贸易总额及边民互市额年均增长 5% 以上,出口货物逐步向高附加值产品转移。

11. 绿春县——实现民族文化与生态的完美融合发展

"十三五"时期,绿春县将依托丰富的哈尼族文化资源和良好的生态环境,大力发展文化生态旅游业。按照"强规划、全布局、打基础、建景区、扩市场、融文化、造品牌"的思路,加快文化生态旅游业融合发展。加强旅游景区景点建设,动工建设中国哈尼城基础设施,加快阿倮欧滨遗址公园二期工程、"万公顷樱花海"、腊姑和桐株梯田湿地公园建设进度,开工建设县城至黄连山旅游环线,力争黄连山国家森林公园获批,新建特色民族文化旅游村 2 个。鼓励引导县内外企业及群众参与旅游基础设施建设和旅游产品开发,加强哈尼族源文化的挖掘、整理、传承保护和开发利用,积极探索成立旅游投资开发公司,深入推进"中国·绿春哈尼十月年长街古宴文化旅游节"市场化运作,打造"矻扎扎"节庆品牌,做好旅游促销和行业管理,提高旅游接待能力与服务水平。通过5年的努力,坚持生态文明建设与经济建设协调发展,推进产业建设生态化、生态建设产业化。退耕还林、营林造林、环保执法等工作不断加强,地质灾害蔓延趋势有效遏制,县城和乡镇污水集中处理率分别达80%、70%以上,县城和乡镇垃圾无害化处理率分别达90%、95%以上,全县森林覆盖率达65%以上,城市绿化覆盖率达35%以上,生态环境持续好转,建成国家级生态县。中国哈尼城、阿倮欧滨遗址公园、黄连山国家森林公园、腊姑和桐株梯田湿地公园基本建成,接待国内外游客超过100万人次,旅游业总收入达15亿元,文化生态旅游业成为县域经济发展的新兴支柱产业。

12. 河口县——建设云南面向南亚东南亚开放的前沿门户

未来5年,河口县将充分发挥区位优势,全面推进跨合区建设,实施"红河州百亿工程"河

五、跨越发展的红河

口县跨合区基础设施项目建设。贯彻落实省政府支持跨合区建设22条优惠政策,积极探索并推行"两国一区、境内关外、自由贸易、政策优惠、管理便利"的管理模式,重点发展进出口产品加工业及现代物流业、电子商务、跨境金融、转口贸易等现代服务业。提升边合区功能,推进北山国际查验货场二期项目建设,完善边民互市市场功能,用好用活保税仓库政策,完善查验设施,从而达到"规范通道、搞活贸易、盘活市场"的目的。深化区域合作与交流,继续加强与越南等周边国家的交流与合作,依托红河综合保税区和蒙自经开区,加快推进河口跨合区、边合区、进出口加工特色工业园区融合发展,加快发展外向型经济,努力将河口建设成为云南面向南亚东南亚辐射中心的重要门户。

参考书目

1. 红河哈尼族彝族自治州哈尼族辞典编纂委员会编.《红河哈尼族彝族自治州哈尼族辞典》.云南民族出版社,2006年6月第一版。

2. 红河哈尼族彝族自治州编纂委员会编.《红河州志(1-7卷)》.三联出版社,1995年3月第一版。

3. 红河地方志编纂委员会编.《红河州志(八)》.云南人民出版社,2013年12月第一版。

4. 蒙自市地方志编纂委员会编.《蒙自县志》.人民云南出版社,2014年7月第一版。

5. 主编李涛.《话说红河·蒙自》.云南人民出版社,2009年12月第一版。

6. 主编李涛.《话说红河·个旧》.云南人民出版社,2009年12月第一版。

7. 主编李涛.《话说红河·开远》.云南人民

出版社,2009年12月第一版。

8.主编李涛.《话说红河·弥勒》.云南人民出版社,2009年12月第一版。

9.主编李涛.《话说红河·建水》.云南人民出版社,2009年12月第一版。

10.主编李涛.《话说红河·石屏》.云南人民出版社,2009年12月第一版。

11.主编李涛.《话说红河·泸西》.云南人民出版社,2009年12月第一版。

12.主编李涛.《话说红河·金屏》.云南人民出版社,2009年12月第一版。

13.主编李涛.《话说红河·屏变》.云南人民出版社,2009年12月第一版。

14.主编李涛.《话说红河·河口》.云南人民出版社,2009年12月第一版。

15.主编李涛.《话说红河·绿春》.云南人民出版社,2009年12月第一版。

16.主编李涛.《话说红河·元阳》.云南人民出版社,2009年12月第一版。

17.主编李涛.《话说红河·红河》.云南人民出版社,2009年12月第一版。

18.红河哈尼族彝族自治州人民政府研究室编.《红河政府工作报告汇编2016》.云南省个旧市印刷厂印装,2016年5月。

19.中共红河州委宣传部编.《红河民族文化简史》.云南人民出版社,2016年12月。

20.中共红河州委宣传部编.《红河哈尼族文化史》.云南人民出版社,2016年12月。

21.中共红河州委宣传部编.《红河彝族文化史》.云南人民出版社,2016年12月。

22.中共红河州委宣传部编.《红河民族风俗风情概览》.云南人民出版社,2016年12月。